北京大学新中国留华校友口述实录 丛书
夏红卫 孔寒冰 主编

弄潮儿向涛头立

马耳他前驻华大使
克俚福口述

赵昀晖 编著

北京大学出版社

图书在版编目(CIP)数据

弄潮儿向涛头立:马耳他前驻华大使克俚福口述/赵昀晖编著.—北京:北京大学出版社,2018.1
(北京大学新中国留华校友口述实录丛书)
ISBN 978-7-301-28958-7

Ⅰ.①弄… Ⅱ.①赵… Ⅲ.①克俚福–访问记 Ⅳ.①K835.497

中国版本图书馆CIP数据核字(2017)第289208号

书　　名	弄潮儿向涛头立:马耳他前驻华大使克俚福口述
	NONGCHAO'ER XIANG TAOTOU LI: MA'ERTA QIAN
	ZHUHUA DASHI KELIFU KOUSHU
著作责任者	赵昀晖　编著
责任编辑	李冶威　丁超
标准书号	ISBN 978-7-301-28958-7
出版发行	北京大学出版社
地　　址	北京市海淀区成府路205号　100871
网　　址	http://www.pup.cn
新浪微博	@北京大学出版社　@培文图书
电子信箱	pw@pup.pku.edu.cn
电　　话	邮购部62752015　发行部62750672　编辑部62750112
印 刷 者	北京市松源印刷有限公司
经 销 者	新华书店
	889毫米×1194毫米　32开本　6.125印张　170千字
	2018年1月第1版　2018年1月第1次印刷
定　　价	44.00元(精装)

未经许可,不得以任何方式复制或抄袭本书之部分或全部内容。
版权所有,侵权必究
举报电话:010-62752024　电子信箱:fd@pup.pku.edu.cn
图书如有印装质量问题,请与出版部联系,电话:010-62756370

"北京大学新中国留华校友口述实录丛书"
编委会

顾　　　问：郝　平　林建华　田　刚
　　　　　　　王　博　朱善璐　李岩松

编委会主任：夏红卫　孔寒冰

编　　　委（按姓氏笔画排序）：
　　　　　　　丁　超　马　博　王明舟
　　　　　　　王　勇　宁　琦　任羽中
　　　　　　　孙祁祥　孙秋丹　李宇宁
　　　　　　　张　帆　陆绍阳　陈峦明
　　　　　　　陈晓明　陈跃红　周　静
　　　　　　　孟繁之　项佐涛　赵　杨
　　　　　　　贾庆国　高秀芹　康　涛
　　　　　　　蒋朗朗　韩　笑

主　　　编：夏红卫　孔寒冰

"北京大学新中国留华校友口述实录丛书"总序

在几千年的文明发展进程中,中华民族形成了开放包容、和谐共生的文化传统。作为中国近代第一所国立大学,近一百二十年来,北京大学厚植中华文明沃土,饱览时代风云变幻,积极致力于"东学西渐"和"西学东渐",以开阔的视野和胸襟,为生于斯、长于斯的中华民族,也为人类命运共同体培养了一大批优秀人才,在中外关系特别是人文交流方面做出了巨大贡献。

1952年9月,"东欧交换生中国语文专修班"的14名外国留学生调整到北京大学,标志着中华人民共和国成立后北京大学来华留学工作的开始,六十多年来,北京大学已经培养了9万多名各种层次的国际学生,他们遍布世界各地的近190个国家和地区。北京大学的国际校友人数众多,覆盖国家和地区广泛,社会贡献突出而令人瞩目。他们来华留学的时段跨越了不同历史时期,亲眼见证了中国发生的翻天覆地的变化。更具体地说,他们构成了中国来华留学教育史的一部缩影,既是中国历史的见证者,又都在不同程度上是中外文化交流的探索者与践行者。许多学成归国的留学生已成为所在国同中国交流的重要桥梁。还有许多国际校友在本国政治领域、经济领域和外交领域里努力工作,对于祖国的发展和与中国的友好关系做出了杰出贡献。

面向国际社会讲好中国故事,是加强中外人文交流的有效途径。北京大学国际校友的人生经历和他们讲述的中国故事,为理解中国的政治、外交、文化、教育的历史提供了独特的海外视角。不仅如此,他们对中国有深刻的理解和特殊的感情,在本国甚至在国际社会有较高的声望,是让国际社会全面了解中国的重要渠道。"北京大学新中国留华校友口述实录丛书"收集和整理的就是北京大学国际校友的成长记忆,重点讲述他们与中国特别是与北京大学的故事。通过对国际校友进行口述文献的采集、整理与研究，可以使国内更多的读者听到"中国好声音"和"中国故事"。此外，本套丛书还有助于系统梳理来华留学教育工作在不同历史阶段的发展历程和人才培养成果，为留学生教育总结经验，拓展学术研究领域，丰富国际关系史和国别史研究内容，进而推进北京大学对外开放和"双一流"建设。

2015年，本套丛书的编辑出版工作正式启动，由相关学科的专家学者对一些国际校友进行访谈，在此基础之上整理、出版了这套丛书，通过这种形式配合国家做好大国形象的构建，推动开展中外人文交流。在策划、出版这套丛书的过程中，作者努力以严谨的科学态度保证它们具备应有的学术价值和历史文献价值。考虑到口述者的特殊经历、个人情感以及因时间久远而造成的记忆模糊等因素，作者通过访谈第三方、查找资料等方式对口述内容进行考订、补充，成稿后又请口述者进行了校正。尽管如此，由于各方面水平所限，丛书中肯定还有不准确甚至错误之处，敬请读者批评指正。

启动两年以来，本套丛书受到了各界的关心、支持，也得到了许多领导和专家的指导、帮助。在这期间，丛书编委会的一些成员职务发生了变化，不断地有更多领导和专家加入进来，相关的访谈成果会越来越多、质量越来越高。

谨以此书献给数以几万计的北京大学的国际校友，献给所有关心、支持、参与来华留学事业的人，献给北京大学 120 岁生日。

编委会主任　夏红卫　孔寒冰
2017 年 11 月

Contents | 目录

001 | 前　言

004 | 小荷才露尖尖角

024 | 拔剑四顾心茫然

039 | 长风破浪会有时

076 | 直挂云帆济沧海

146 | 不畏浮云遮望眼

164 | 忽如一夜春风来

179 | 后　记

181 | 附录：马耳他共和国

前　言

说起来，克俚福先生是早我十年的学长。1978年，克俚福先生进入北大中文系修读本科；十年后的1988年，我来到了北大中文系，同样是中国文学专业。

接受这个采访任务，我是颇有些紧张的。此前听说了克俚福校友的经历，使我觉得他是一个既富有传奇色彩又神秘的人。我搜集了很多跟克俚福先生有关的文字和视频资料，希望能对先生有多一点的了解。

我在网上找到了克俚福先生担任驻华大使期间中央电视台对他的一次采访。电视上，克俚福先生侃侃而谈，翔实周到地介绍着他的祖国马耳他：从马耳他的地理环境到马耳他的人口，从马耳他的历史到现状，从马耳他的政治到经济，语言幽默风趣，态度从容祥和。听着电视里的克俚福先生谈笑风生，我对即将来临的采访也瞬间少了许多忐忑。

2016年11月，恰逢克俚福先生的感恩节假期，他从繁忙的工作中抽身来到北大，接受我的采访。

三天的时间，我们在临湖轩痛快淋漓地畅聊：聊北大的师长、北大的宿舍、北大的食堂、北大的舞会、北大的爱情，聊中国的变化、中国的发展、中国的经济、中国的外交……

跟随着克俚福先生生动的回忆，我仿佛也身临其境般经历了那个时代，那个或令人振奋，或令人迷茫，或令人举身投入，或令人徘徊踯躅，或令人激情澎湃的时代。

克俚福先生非常健谈，对中国，对北大有着极深厚的感情，极深刻的见解。整个采访过程，我由之前的担心，最初的紧张，到最后完全沉醉于先生丰富跌宕的经历，其间，时有"生不逢时"的感叹，感叹先生的"幸运"，幸运地生于那个激情燃烧的时代，那个变革频繁的时代，见证了中国、北大那么多的创新与不凡。

采访结束的时候,克俚福先生不住地强调:"时代,是那个时代,造就了我们,一定要写出那个时代!"我本以为这是克俚福先生的谦虚,但转念一想,确实,时势造英雄,但不也正是他敏与时代共进,敢于站在时代的潮头,勇敢地做时代的"弄潮儿",才使他的生活如此精彩,如此传奇吗!

小荷才露尖尖角

"我是个穷人家的孩子。"

"我的国家特别小,从小我就想出国。"

"我对亚洲特别感兴趣,尤其是中国。"

——克俚福

一

我的爸爸是马耳他修船厂的工人,他是船坞的电工,十三岁就开始做工。他对我们兄弟三个的教育特别重视,在我们成长的过程中,爸爸特别肯花钱为我们买书,但是只限于买书。想要玩具?爸爸会说:"你们想玩玩具就自己动手做吧!"爸爸虽然很聪明,但从未上过学,所以对我们兄弟仨,他一直说:"你们必须上大学,如果不上大学我就不认你们了。"我们三兄弟从小在这种压力下长大,都考上了大学,成为我们家族中前所未有的第一代大学生。

我的妈妈也出身于贫穷的家庭。我的外公是位善良的老人,他的工作是修缮教堂里的绘画,是一种很危险的工作,经常要站在脚手架上,收入微薄,因为经常不收费给他敬爱的教会做工。妈妈读书时的成绩非常好,也读完中学,这在当时的女孩子中是非常少见的。但是那时候的传统是女人一结婚就不工作了,就待在家里照顾孩子和丈夫,所以虽然我妈妈的工资比我爸爸高,但婚后她也遵从了这个传统留在了家里。

这就是我出生的家庭:爸爸的大部分前辈都做着跟海洋或者修船有关的一些工作,妈妈的家庭搞艺术的比较多。很小的时候我就下决心要离开这个小地方，离开这个祖祖辈辈都不曾改变的小圈子，而唯一的办法就是好好学习，拿到奖学金，去国外学习。于是，我非常用功地学习，如饥似渴地看各种各样的书籍。说起来也很奇怪，我可能十一二岁的时候就已经开始对亚洲，特别是对中国感兴趣。

二

那时候获取信息不像今天这么方便，找书，找资料都得跋山涉水地去找。马耳他有一个很大的国立图书馆，书很多，尤其是历史书籍，但是有关中国的书却很少。尽管条件不允许，我还是把能找到的所有关于中国的书，哪怕只是只言片语——小说、欧洲人写的游记、冒险故事、建筑类书籍——都看了。那时候的阅读没有任何目的，纯粹是兴趣使然。

十六岁的时候，大概是我对中国了解和认识的一个转折点，这要从我的叔爷爷——爸爸的一个叔叔——说起。叔爷爷是马耳他工党的创始人之一，他是修船厂的工会组织者，本身又是知识分子，创作过不少小说。他认为工人一定要有文化,一定要识字,如果不识字就不会有任何发展。所以他在各地的工党俱乐部——每个乡村、小镇的工党俱乐部,都创建了识字班,我认为这是非常有远见的做法。他还是马耳他"五一"国际劳动节活动的第一位组织者。

他最与众不同的地方是不信教,他是无神论者。这在当时的马耳他不仅特别,更会激起其他人的仇恨,据说人们在墙上写标语反对他,画画讽刺他,甚至叫他"马耳他人的杀手"。教会自然也非常仇视他。但有趣的是,他的私人朋友中却有很多神父,他们经常在一起下棋,讨论哲学。

在家族内外,我从小就听着这位叔爷爷的故事长大,所以或多或少也受了他的影响,很早就有一点"左"的思想。更让我与他有共鸣的是,我也不爱去教会,虽然我从小就是天主教徒。而另一件事的发生更让我开始对教会,对主教产生了严重的不满——当时主教宣布,在大选中如果选民投工党的票将会是重罪。

我的妈妈是位虔诚的教徒,而且为人非常老实。听了这个教令以后,她非常害怕,她是那么虔诚,而且她坚信,如果犯了这种重罪,死了以后是会下地狱的。

那时我只有五六岁,虽然很小,但我有一个朴素的想法，我觉得连我妈妈这么好的一个人，面对这个教令，她都害怕得不敢去投票，这里边肯定有问题，这样的教会、主教，一定有问题。我们家里没有人搞政治，都是普通的老百姓，但是我就是有这种觉悟：不是我们反动，是他，是教会反动。

当时的马耳他是英国的殖民地，爸爸所在的修船厂是英国皇家海军的修船厂。爸爸那一代人，非常喜欢英国人，他们觉得英国人会管理，对工人公正。他们担心马耳他一旦独立，会把政治的因素带进来，会造成马耳他的混乱。爸爸"爱"英国人——可以用"爱"这个词——英国大兵有任何活动，他都带我们去，比如阅兵、音乐会等。我也去凑热闹，但是我一直想，这是我们的马耳他，凭什么要由这些英国人来管呢？不管他们怎么好，我觉得这不应该！

1970年，主教终于撤销了那个重罪的教令。1971年，从1958年到1971年没有上过台的工党赢得了大选，由明托夫担任总理。当时的马耳他已经从英国的殖民统治中独立七年，但英国军队在马耳他还有一个很大的军事基地，付给马耳他政府的租金也很少。明托夫总理执政后的第一个星期，就驱逐了北约组织地中海地区的总司令——一位意大利的将军，然后给英国军队下了最后通牒：在年底之前，两国要商定英国最后撤军的时间表，以及在最后撤军之前英军应付的租金。明托夫要的是马耳他彻底摆脱英国，实现真正的独立。

那一年我十四岁，马耳他国内局势非常紧张，在政府与英国的僵持中，我们都在担心是不是马英会开战，如果开战我们要怎么办。记得当时在学校里，不少男孩子在想亲戚当中谁有猎枪能把我们自己武装起来。

就这样，马耳他的老百姓在忐忑不安中迎来了最后期限的日子，真正的"最后的一天"。英国人准备走了！他们认真地准备走了！协议的最后一天，明托夫总理赴伦敦磋商，磋商的结果是：从1971年到1979年，英国将在这八年中完全撤军，但必须支付十倍于此前的租金。

这是马耳他明托夫政府的一个大胜利。胜利的喜悦过后，政府开始筹划这八年当中要建立一个新的经济体系。过去，这个军事基地虽然不被有些人喜欢，但是它雇用了几万人，电工、建筑工、服务员、厨师、医生、护士……解决了马耳他当地大量的就业。现在基地没有了，雇佣也就结束了，很多马耳他人开始担心在马耳他国内找不到工作,很多人在那时候移民去了澳大利亚。

所有这些,对当时的明托夫政府是一个非常大的挑战。恰在此时,明托夫总理访问了中国,紧随其访问,1972年,马耳他同中华人民共和国建交。明托夫总理访华,极大地震动了欧洲,特别是英国。英国媒体担心他把基地移交给中国。

明托夫的中国之行拍成了纪录片,在马耳他的电影院里放映。那一年,我十五岁。我怀着极大的兴趣,在我们家隔壁的电影院看了这部纪录片。纪录片里,明托夫总理见到了毛泽东主席、周恩来总理;孩子们载歌载舞,热情地夹道欢迎。我觉得特别精彩,特别兴奋,跟当时欧洲的比较左翼的很多大学教授一样,觉得中国特别好,是一个理想的社会、理想的国家,它走的是另外一个方向,我们应该向中国学习。

我这辈子第一次见到的中国人是中国国家乒乓球队的队员——这是我一生中所见的第一拨中国人。"乒乓球外交"的时候,他们来到了马耳他。

他们到马耳他不是参加比赛,主要是表演,地点正好包括爸爸的修船厂,就在车间里摆上了乒乓球桌。我爸爸带我去看了,真是精彩啊!

十五岁的我看到了中国人，看到了那部纪录片，再加上马耳他的局势，使我对政治产生了兴趣。

之前马耳他国民党还执政的时候，我就开始经常发订单给中国国际书店——当时中国唯一一家卖英文书的国际书店。我先到邮局买一张支票，然后寄到北京，想订《毛泽东选集》等书，我前前后后订了很多书，可是大部分都没寄到我手，因为马耳他邮局把来自中国的信都拆开检查了，里面的东西大部分都被没收了。

仅有的几次，我收到了漂亮的信封，贴着漂亮的邮票，信封里面除了一张发票，什么都没有。我爸爸集邮，那些邮票就归他了。

慢慢地，情况有了改观。可能久而久之，发现我只是个对中国感兴趣的孩子，邮局开始把《中国画报》《北京周报》这类杂志寄送给我。

现在的中国年轻人可能都不知道这些杂志了，可是对当时只有十五岁的我是多么震撼：画报印刷得特别精美，彩色的照片，照片里的每一个中国人看起来都开心地笑着，都那么幸福，大家带着笑容上学、上班；渔民打的鱼是那么丰美；苹果又红又大。还有"农业学大寨，工业学大庆"的宣传画。

我就想,这种政治制度能营造出跟我们不一样的社会,那里才是我心目中的理想国度。

三

我从小就想离开马耳他,到国外去看看更大的世界,这个机会终于来了。

我在马耳他考上了最好的公立学校,十六岁的时候,我在报纸上发现了英国的一所国际学校招生的广告,马耳他中学生有一个奖学金名额。我本不想去报名,因为觉得自己根本不可能被选中,奖学金一定会给贵族或有钱人家庭的孩子。但是我的意大利语老师极力推荐了我,父母也鼓励我去申请,于是面试那天,我穿着妈妈亲手选的一件全是方格子的外套就去了。

参加面试的果然都是马耳他私立学校的贵族子弟们,他们穿着昂贵的正装,说着优雅的英语。我真的很反感那一套做派,面试的时候偏偏反其道而行之,坚持说马耳他语——当时我跟我的兄弟都是这样:英语我们可以学,但是坚持在任何场合都说自己的母语。

本来没抱什么希望,结果我却被顺利录取了。于是在我的家族中我第一个坐上了飞机，来到了位于英国南威尔士的那所学校，在那里度过了我的两年时光。

我所在的学校叫 United World College（UWC），校址在英国南威尔士的一座古城堡里，它是一所办学理念非常独特的学校，由德国教育家 Kurt Hahn 创立，把全世界不同国家、不同种族、不同宗教的十六岁至十八岁的年轻人聚集在一起学习，主张不同文化之间的相互理解。他还主张学生们在学校里不仅要学习，更要参与社会活动。所以我们除了上课以外，还要选择很多实践活动。

这种理念非常适合我，在那里的两年我真是如鱼得水。可以这么说，在那两年里所学的技能、所接触到的人、所了解的思想，在很大程度上影响了我的一生。

说来有趣，我们家虽然生活在岛上，但我从没坐过船，连到马耳他小岛上的轮渡都没坐过，因为爸爸是修船的，他害怕，所以坚决不让我们上船。

我一看有救生艇建造、海上救生这些活动，立刻就报名了。报名必须家长签字，我在给爸爸邮寄签字的文件时，其实已经打定主意，如果爸爸不肯签字，我就自己模仿他的笔迹签名。可是出乎意料的是，爸爸签了，还一连签了两个同意书：一个是救生艇队伍，一

在救生艇上

个是潜水俱乐部。要知道,这都是我一直渴望的。

南威尔士的海浪又高又险,就这样,我跟着师傅和教练,学习开船,学习潜水,学习救生。十七岁的时候,我拿到了英国皇家救生艇组织颁发的救生艇艇长资格。

那也是我第一次接触女孩子,第一次去酒吧喝酒。以前在马耳他是男校,完全没有机会接触异性。

UWC是世界上第一个实行IB课程制度的学校。我选了六门课程:物理、历史、数学、海洋学、马耳他语和汉语。

我是个爱国者,所以我坚持学校为我开设马耳他语课程。学校的规定是学生可以选择自己的母语课程,过去曾经有过两名马耳他学生,但他们都把英语当作母语,所以我选课时,老师就顺理成章地给我划到英语课程里,并且说即使我想选马耳他语,学校也没有老师,无法开设课程。但我据理力争,说没有老师教没关系,我可以自学通过考试,而且学校以前也为一些非洲小国的学生开过这样的先例。学校拿我没办法,老师们都说我是"过头的爱国主义者",但也最终同意我自学马耳他语获得学分。

如果说在这所学校里,这些带给我的是新奇与兴奋,是体魄上的锻炼,是精神上的坚持,那么,另一方面的与众不同,带给我的则是对我一生思想与事业的影响。

这所学校接收了当时还处在"文革"期间的中国的第一批留学生。

这得感谢我们学校当时的主席——英国的蒙巴顿勋爵。1972 年,他访问了中国,与中国政府协商,希望中国政府能派遣一些学生到南威尔士的 UWC 学习英语,于是中国政府派遣了第一批 21 名学生来到我们的学校，都是来自外语学院附中的学生。在这些中国同学当中，有几位直到今天我们还保持着联系。

我们学校的学生组成非常有意思，为什么这么说呢？我们有以色列人，有巴勒斯坦人，有苏联人，有中国人……而且学生之间什么都可以讨论。

对于我来讲，一个从马耳他工人家庭出来的孩子，在这样一个环境里，真是大开眼界了。尤其是对宗教的看法，我渐渐开始改变直至放弃。说实话，之前虽然有种种不满，但我还一直以一个天主教徒自居。但在UWC的两年中，我开始动摇了。我们宿舍有四个学生，一个威尔士人，一个荷兰人，一个日本人，还有我。有一次宿舍里讨论宗教的时候，我开始介绍自己是天主教徒，给他们介绍"圣餐"：葡萄酒变为耶稣的鲜血，面包变为耶稣的肉体。我从小接受的就是这种教育，所以自然而然地就说了出来。可是我那威尔士的同学说："按照这个逻辑，那你们都是吃人的。"十七岁的我，曾经自认为特别聪明，听了这种说法，就突然觉得："我怎么从来没有想到过这点？我肯定是被宗教洗脑了。"所以我立刻就放弃了自己的宗教信仰。

我们就是这样一个学校，接受着各种思想的冲击，现在又有了中国的留学生，自然而然地就开始比较深入地接触中国了。当时的中国学生有一个带队老师——吕老师。他负责管理这些学生的纪律、生活、政治学习等。吕老师组织他们剃头，那时候正好是"批林批孔"，所以他们每周六都要开会。我们对此特别好奇。

由于我们学校的所有活动学生都必须参与，比如海上救生、高山救援，如果你不喜欢野外，还可以去孤儿院、老人院，总之一定要参与，所以那个时候我们跟中国朋友的接触非常频繁。

最让我惊喜的是，因为有吕老师在，学校开设了汉语课，我第一个就报了名。

这是我最早正式开始接触汉语，不是在马耳他，不是在中国，而是在南威尔士。

开始一共有十五六个人报名，过了一个星期，只剩下我们三四个，其他人都去学习西班牙语或别的语言了。不管别人学什么，不管多难，反正我就是坚持。所以我是那时候开始学的。一直坚持学中文的几个同学对我的影响也很大，我们非常喜欢讨论政治，我们称自己为"沙龙社会主义"，坐在沙发上讨论，讨论世界的局势。

四

两年很快就过去了,转眼到了抉择上哪所大学的时候了。我当时很想留在英国上大学,也非常想学航空航天这个专业。我申请了伦敦顶尖的大学,也通过了面试,可是当时我没钱读大学,而那时英联邦的奖学金一般都是给硕士生不给本科生,没办法,我只好回到了马耳他。

正好马耳他航空公司刚刚建立,要招收学员进行工程师课程的培训。由于我以前在中学时独立修过航空学的学分,再加上我的兴趣,所以顺利地通过了面试。培训地点在巴基斯坦航空公司下属的一个很有名的国际航空学校,专门培训机长和工程师。但是签订的合同条款中有很多条件我不能接受,应该说是某种霸王条款吧,所以我没去,也说服其他的人都不要去了。

那时候我也不太想马上去上大学。马耳他大学是16世纪建立的一所历史悠久的大学,可是没有我感兴趣的专业。我不想辜负父母的期望,于是注册了机械工程专业。然而,三个月的学习后,我发现在经历了英国 UWC 的自由主义教育之后，我已经受不了传统大学的课程模式，我觉得自己简直就像被当作小学生一样。于是我就退学了。

我一直是一个比较独立、大胆的人，退学这件事我并没有征求父母的意见。他们虽然有点儿不高兴，但也知道一旦我下定了决心，没有人能改变我。

就这样，我决定先做一点其他工作，再考虑上大学的事。我先做了几个月船上的工作，驾驶游船带游客游览，随后做了两年的潜水员和潜水教练，而我在英国学习的潜水技能在马耳他派上了大用场。

那时的我特别热血，身体也强壮，什么都不怕，做得特别开心。可是父母却很担心，一是他们觉得我学习一直那么好，却去做潜水员这样的工作；二是每天晚上都要喝酒。

那段时间我也试着申请国外的奖学金，但都没有成功。后来有一个移民加拿大的机会，加拿大的亲戚会为我做担保，我动心了。同时，我也通过了加拿大一所大学的面试，专业从航天学改成海洋学。

在加拿大读书是没有问题的，但如果要工作挣学费则需要有工作许可。正好我表哥的太太是心理学家，她在多伦多最大的一所监狱工作，她在监狱里给我找了一个狱警的工作。

为了签证,我当然是什么工作都愿意干。这是一所关押重刑犯的监狱,而我连打架都没尝试过。所以面试的时候,面对诸如"如果犯人打架你如何处理"这类问题时,我只好根据看过的电影情节自己编答案。可是当我得到这份工作,准备开始上班时,加拿大移民局打电话说这个工作加拿大本国人也会去做,不需要我。我只好离开加拿大。

就在这时,我对自己说:"去中国吧!"

当我对父母说我想去中国的时候,他们的反应是:"那还不如去监狱工作。"

我能理解在那个年代,父母的想法:去中国,是一个更冒险的决定。

我是个说干就干的行动派。我知道在马耳他有中国使馆,我自己去敲使馆的门,跟他们说我要去中国,我要申请奖学金。使馆的工作人员听了吓一大跳,因为没有人主动申请过奖学金,更没有人这样直接去敲门要奖学金。

后来我知道,开门的那个年轻人叫赵军,当时是大使馆的翻译。我们的缘分也从这次敲门开始一直持续到了他后来担任中国驻以色列大使、驻挪威大使。

赵军带我去见了一个参赞，他们虽然都觉得很奇怪——怎么有一个马耳他年轻人想到中国学习？但他们说，好啊，我们愿意给你奖学金，但是我们不能直接给，我们必须先通过马耳他教育部发布公告，然后你去申请，不用担心，应该就是你能获得。他们还详细询问了我想去学什么专业，我回答说学海产专业。

我知道，这基本上应该就是定了。那段时间我一直跟他们保持友好关系。我是潜水员，经常能捞到一些海鲜，有一次给他们送海参的时候，从厨师到大使都过来看我，显得特别高兴。

我就这样等了几个月，直到等了半年都没有消息，我屡次去使馆催问，他们一直说奖学金已经提交到马耳他教育部了，可是他们没有发布。

我真的不知道该怎么办了，只好另想办法。

我找到我们镇的一个议员，跟她讲述了事情的来龙去脉，拜托她去敦促马耳他教育部公布消息。

议员听后，跟我约定时间在议会见面，一起去找教育部长。进议会大楼需要打领带，可是那天我没系领带，门卫不让我进。教育部长只好亲自出来听我申述，最后他说："好，明天你到教育部去找局长。"

我又在约定的时间去找教育局长。可是，这位局长在我进去的时候连看都不看我一眼，一边写东西一边说："你就是那个捣乱分子？"

"什么叫捣乱分子？！我只是想申请一个奖学金！"我反驳道。

他接着说："你不知道吗？中国没有教堂，中国人都会讲英语，你干吗要去那儿学中文？"

我说："这跟教堂没有关系，据我了解，也不是很多的中国人会说英语，反正我还是想去，请您尽早公布奖学金吧。"

他还是把我打发走了，可是他越这样做，越激起了我的执着心。反正过了两个星期他们终于发布了奖学金公告，然后我去面试，得到奖学金，办理了一系列复杂的手续，就准备去中国了。

当然这个消息也很快传到了我父母的耳朵里。很多人都去跟我的父母说："不要让他去，那儿都是无神论者，没教堂，他星期天去哪儿，没教堂怎么办？"还有的人说："到了那里他会变成共产党的。"在这一点上，我特别佩服我的父母，他们根本不在乎这种压力，就是觉得："我儿子想去学习，那当然要支持他，至少比当潜水教练会好很多。而且，他终于有一个方向了！"

中国大使馆给我的条件特别优厚，连飞机票都是中国政府出的。我至今都记得非常清楚，是1977年9月19号的机票。巧合的是，这一天也是我跟中国妻子所生的第一个儿子的生日。

出发前十天，大使馆让我去开会，我去了。到了以后，他们说："有一个不好的消息，还有一个好的消息。"我虽然心里特别紧张，但还是镇定地问："不好的消息是什么？"他们说："不好的消息是，你申请的海产专业不对外开放，你也知道，海产方面我们中国还很落后。不过好消息是你可以去学中文专业。"

反正我是一定要去中国的！就这样，我乘上了飞机，从马耳他到巴黎，从巴黎到卡拉奇，从卡拉奇到北京。

这真是一趟神奇的旅程，走之前我一直问使馆的人："我要去哪个大学？北京大学？清华大学？"我翻过资料，所以对北京的大学有所了解。可是使馆的人就是不告诉我要去什么学校，总是说："我们不能告诉你，到时候你就知道了。"还对我说："你放心，生活条件特别好，到了会有人接你，带你到学校去，到时候一切就都知道了。"

拔剑四顾心茫然

"在那种艰苦的生活中,反而可以建立特别牢固的友谊。"

"正因为那时候人们穿得都一样,所以人们更关注的不是外表的,反而是那些内在的美。"

——克俚福

一

就这样,我一路辗转到了北京首都机场。当时北京的机场非常小,航班也很少,尤其是国际航班。法航每周一次,也没多少乘客。一下飞机,行李就被送到大堂里,自己去领,很简单。

行李领了,大家走了,就剩下我一个人在机场大堂。

没人接我,我兜里可能也就有50美金。我完全不知道该去哪儿,想打出租,可是如果司机问我去哪儿,我还是说不出来。空荡荡的大堂里就我一个人,特别孤独,我就坐在行李上面想:"怎么办?连一个联系方式都没有!"

就这样大概过了25分钟的样子,我看到有一个人在不远处走来走去,好像是在找人。我走过去,用英语问他:"你是在找从马耳他来的学生吗?他说:"是是是。"

我高兴极了,赶忙说:"我就是,我就是!"他特别吃惊,说:"我以为马耳他人是黑人。"我知道了他姓吴。

就这样,我被吴老师带到了北京语言学院的八号楼。这时我才知道，一般外国留学生都要先到语言学院进行一年的汉语培训。

令我吃惊的是，住宿条件很差。我的房间玻璃都是碎的，只有一张空床，连被子都没有。吴老师说："你先在这儿坐着，我去给你拿一些东西。"我就那么呆呆地坐着，一切都还没反应过来。吴老师回来了，拿着一个暖水瓶，一个洗脸盆，一个洗衣盆，还有被子、褥子，告诉我这些用品我可以借用三年。他又给我指了指食堂在哪儿。我懵懂地答应着，呆呆地坐着，也不知在想些什么。这时有人敲门，是三个非洲学生，来自埃塞俄比亚，是我隔壁的邻居。

来中国前，我听说北京买不到洋酒，所以转机巴黎的时候，就在机场免税店买了一瓶两升的朗姆酒，本打算每天就品一品，喝一点点，这样一瓶酒大概能喝两年。

然而，和他们见面的第一个晚上，我们四个人就把酒差不多喝光了。

第二天清晨，喝得有点儿醉正沉睡的我，突然被一阵类似于军队进行曲的音乐声"吓"醒。我这才发现，每个房间里都有个喇叭，每天早晨六点半准时播放起床音乐。

说起来挺好玩的，我到北京买的第一样东西是剪子！

当时的五道口不像现在这么热闹，什么都没有，我费了半天劲，找到一家百货店，买了一把剪子，回到宿舍，"咔嚓"一下就把那个喇叭的线剪断了。学校也发现了我搞的"破坏"，很快就把电线修好了；然而第二天我又给剪了，这次学校没有再修。

那时候的马耳他被视为第三世界国家。因为冬天要到了，学校组织我们这些第三世界国家的学生去五道口领大衣、帽子，还有棉鞋，只有两种颜色可供选择，蓝色和绿色，我记得我选的是蓝色的。大家看着一大群留学生穿着军大衣，戴着那种棉帽子，都觉得很好笑。我在那段时间所交的朋友，有些到现在还有联系。在那种艰苦的生活中，反而可以建立起牢固的友谊，因为大家互相帮助，互相慰藉。

在语言学院我学得非常刻苦，那时每天上午有四个小时的汉语课，下午有老师辅导。学校还会组织一些其他活动，比如看电影。

我们的课本政治色彩非常浓厚。我永远记得第一堂课我们学的是"在毛主席和中国共产党的领导下……"我们当时学的课本内容，可能现在中国的孩子们都不太了解了,比如雷锋,比如不远万里、跋山涉水来到中国的白求恩大夫,比如外国海员彼得,还有为了救一千多人的生命勇拦火车而英勇牺牲的欧阳海。

学这些内容的时候,我也会有疑问。我曾经问过老师:"欧阳海的行为是不是太傻了?"老师回答:"他是英雄!"

再比如我们当时遇到语言学院的院长,他自我介绍叫苏林,有个同学就脱口而出地问:"是苏联的苏,林彪的林吗?"课本上不会教给我们"苏州的苏,森林的林"。

当时是1977年、1978年,人们的精神开始慢慢放松,思想也开始慢慢解放。

在那一年,我们跟中国人一起经历了很多重大的时刻。一起收看对"四人帮"的公审,唐山大地震的影响也还在,校园里许多地震棚还没拆。

而我最感兴趣的还是语言,虽然学的都是政治词汇。由于条件所限,一年的汉语学完以后,我可以讲"修正主义""工业学大庆""农业学大寨"这些词组,背了不少标语和口号,但是不会买菜:不知道怎么用汉语说胡萝卜!当时课本中的那些词汇深深地烙印在我的脑海中，直到现在。我太太比我年轻，有时她问我去哪儿，我如果想敷衍她，就会回答："我们去第二机床厂。"因为当时的课文里就是这样写的："您去哪儿？——我去第二机床厂。"

我更喜欢通过跟中国人聊天的方式学汉语，我特别希望跟很多中国老百姓接触，这样才可以掌握更多的词汇。可这在当时的中国是很难的，基本上我们只能跟老师接触，还有在校的中国学生。我记得刚来的时候，想一个人坐公交车去天安门广场，找了一个中国人问路，可是那个人没回答我就离开了，害怕跟外国人接触，这特别不正常。但是我渐渐发现，跟小孩儿聊天却没有这些障碍，他们不懂，所以不怕，而且，一般北京人中大人说话都不太好懂，但北京的小孩儿普通话却说得非常清楚。所以我经常跟小孩儿，尤其是我们校园里的一些小孩儿聊天。

刚到中国的时候，对中国和中国人都不是很理解，随着语言能力的提高，我开始懂了，开始了解周围的一些现象，我觉得虽然当时的社会有很多问题，跟我来之前想的不一样，但却是非常有意思的，非常值得来的。

我这个人是完全不在乎物质生活好坏的，而且当时就是一门心思要学好汉语，所以生活虽然艰苦，但也自得其乐。不过有的留学生，因为这样那样的原因，出了一些问题。

一个非洲学生，因为国内的政治局势动荡变化，当得知毕业以后已无法返回祖国的时候精神崩溃了。有两个学生，因为跟中国女孩子谈恋爱，最后自杀了。还有一个晚于我到达北京的马耳他学生，十七岁，特别不适应这边的生活条件，得了阑尾炎，我千辛万苦地把他送到医院，可是医生非要马耳他使馆在一些表格上盖章才能动手术，我对他解释马耳他在北京没设使馆，但他们仍然拒绝动手术。我当时对医生发火动粗了，医生才同意把我的同胞推上手术台，抢救了过来。这个男孩子最后抑郁到说要自杀，我带着他，去西单的电报大楼，给马耳他驻澳大利亚的大使打越洋电话，请求帮助。最后把他送回了马耳他。

总之，这一年里，发生了很多我没有想到的事，跟我来中国之前的想象完全不一样，我的心里非常苦闷、彷徨，不知该怎么办，更不知未来会怎样。

二

我这辈子有很多巧遇,发生在语言学院的也不少。

喝光朗姆酒之后的第二天,还没开课。我一个人在校园里闲逛,信步走到一个工地旁边,看到一个大夯。很多工人戴着安全帽,藤做的那种,一身泥,拽着绳子,奋力地在夯地。

我正饶有兴趣地站在那里观看,突然觉得那满身是泥的工人当中,有一个特别面熟,太像在威尔士教过我的吕老师了!

我当时心想:"这不可能吧?!吕老师?一身泥的工人?绝不可能!"

这个人也看到我了,他盯着我的眼睛,我们就这样对视着。然后,他松开手中的绳子,走过来,用疑问的口气叫出了我的英文全名!我欣喜若狂:"吕老师!太巧了!"

那是自 1975 年他们离开 UWC 之后的意外相见。要知道,那些中国学生毕业了以后,都不留名字,不留地址,不被允许跟我们联系的,所以我从不知道怎么寻找他们。

可是，来到北京的第二天我就遇到了吕老师；第三天，吕老师带了三个同学来到我的宿舍！所以来到北京短短三天，我就已经找到了其中的三位，这三位直到现在还是我亲近的朋友，多么幸运！

找到了这三个人以后，我的心里立刻就有底儿了：我在北京有朋友了，再也不是"孤家寡人"了。他们这几个人也敢请我到他们家，我也渐渐地了解了他们的家庭背景，其中的一位，家里在新中国成立前是上海的大资本家，新中国成立后，工厂公私合营了。还有一位是革命烈士的儿子。

生活中有了这几个人，我终于觉得跟中国人有了正常的来往。

当然也有一些其他朋友愿意邀请我到他们家，但是那时候要特别注意，我也不希望影响他们的正常生活。所以每次我都选在晚上去，戴上帽子，围上围巾，戴着口罩。

那时的环境，朋友经历的一些事，都让我早早决定不要找中国女朋友，对我不好，对她也不好。

到北京以后，很快我就决定不穿外国衣服了，只穿中国衣服。我去二手店买了中山装，特意买最破的那种，有补丁的，我觉得这样才"革命"。

说起当时中国人的穿着，很多人批评说那时候的年轻人穿着太单一。可是别看那时候中国女孩子穿得基本一样，我却觉得，比现在的女孩子更性感、漂亮。为什么这么说呢？那时候，表面上大家穿得都一样，但是女孩子们总是想方设法让自己跟别人有一点不同。比如说系条小丝巾，或是翻出一个小领子；连自行车都有那么一点不一样，比如说车钥匙上系的穗子都是自己编的，塑料的那种小坠子，特别有意思，有一种不经意间的含蓄的不一样。

更不一样的是那时候人们的眼睛、说话的风格、人格的特点，正因为那时候人们穿得都一样，所以人们更关注的不是外表的，而是这些内在的美。

学校也会组织我们去旅行，比如第一年去了长沙、韶山，但我受不了规定性的东西，比如学校规定要去哪里，要做什么，我就不喜欢，我更喜欢自己从一些生活的细节中了解不同，发现乐趣，我常常会问自己："除了这些，还有哪些更有趣的事情值得我去发掘？"

比如说那时候买东西，买一个铅笔刀，售货员不会只拿一个出来，她会拿五六个让顾客自己选。刚开始我也不习惯，觉得奇怪，后来我就琢磨，为什么售货员会这样呢？后来慢慢发现，因为质量不同，还真得一个一个挑选。

再比如我第一次去买洗发膏，那时候没有洗发水，都是洗发膏，特别有意思，一个牌子两种颜色，一个粉的，一个绿的，而且还得自己拿一个空玻璃罐去买，论斤卖。

看到这些，我就有一个想法，我们西方有那么多品牌的化妆品、洗发水，有那么多选择令人眼花缭乱，其实真正的生活不需要那么多选择，极简的生活是最好的，也更为环保。

我相当欣赏中国那时候的艰苦朴素的精神，并把这种原则一直贯彻在我的生活中。虽然在后来的律师生涯中，我是做商标法的，每天接触的就是那些名牌，可是我一直不穿有任何商标的东西，我喜欢当时那种简单的生活，也觉得人和人之间的关系很单纯，大家都没有钱，所以也没有社会上的矛盾或者嫉妒、仇恨。

我一直喜欢骑自行车，这还是我在北京学会的。说到这儿要说起我的一位埃塞俄比亚同学。我不会骑自行车，有一天晚上，语言学院组织我们去看杂技表演，其中有一个项目是小熊骑自行车。坐在我旁边的埃塞俄比亚同学说："你看那只小熊都会骑自行车，但是你不会。"好胜的我，第二天就去买了一辆自行车，我清楚地记得是在友谊商店买的，红色的凤凰牌！不过我没敢买二十八寸的，买了一辆二六的。

回到校园里，我就开始学骑自行车，也不知撞了多少棵树。记得那时语言学院有一个地方叫作标语塔，四周都是"战无不胜的中国共产党万岁""全世界人民大团结万岁"这样的标语。骑自行车的时候，我一直想着千万不要撞那个标语塔，但是我每次都撞上去。

总算学会了骑车，我也爱上了骑自行车，因为我又发现了一种新的自由。不瞒你说，在我的生活中，是在中国，在北京，我真真正正地感受到完全的自由！有了自行车，更能充分享受这种自由的感觉。

我很喜欢一个人骑着自行车到处逛，到农村，到小村子里去，有时候我走得很远，甚至骑到河北那边，外国人都不让去的。

当时在北京市区和郊区的分界线，主路上都有一个牌子，标有十几种文字，上面写的大概意思是：外国人不得越过这里。然而我那时候的"专长"就是越过它。

我一直觉得禁区的那边应该是更好玩的去处，主路牌子附近有解放军站岗，可是走小路就没人管了。但也常常被抓，学生嘛，抓住了，就让我写个检讨，放了;然后再走,再抓,再写检讨。那时候也不方便联系,他们也不能打电话给学校,我就每次写份检讨书,他看一下我的学生证,就放我走了。

有很长一段时间,我骑自行车跑了很多地方,有时自己,有时跟朋友。也经常找地方游泳,我们会骑自行车去十三陵水库,拿着睡袋,晚上就睡在那里。

那段时间是我到北京的第一年中少有的开心日子,总是能找到很多乐趣,虽然生活很简单。不管遇到什么样的人,我都愿意试着跟他们交往,不管你是高官还是农民。我很少遇到所谓的坏人。

三

在语言学院的一年中,有一件事对我影响极大,那就是我第一次接触了马耳他的政治家。

1977年11月,明托夫总理来访,学校组织我们到机场迎接,我当然特别激动,因为明托夫总理是我从小到大的偶像。长大以后渐渐了解,明托夫总理是比较特别的领导人,但是他对马耳他的贡献是有目共睹的,很多政策都是他着力推行的,包括马耳他的社会保险、免费教育、免费医疗等。所以我一直很佩服这个人。我最欣赏他的一点是,他把英军赶出了马耳他,第一次实现了马耳他土地上没有外国军队驻扎。

总理下飞机的时候,首先跟中国当时的领导人华国锋总理,以及政府官员、外交使团成员等一一握手。我站在队伍的最后,作为在中国的唯一一位马耳他人。当时中马虽已建交,但在北京还没设立大使馆。以前我只见过明托夫演讲,但从未跟他握过手,真是又紧张又激动。

终于轮到我,万万没想到的是,握手时他跟我说的第一句话是:"我给你带咖啡来了。"是的,我经常给妈妈写信说,在北京,我最想的就是咖啡,当时的北京是买不到的。我妈妈看报纸知道明托夫总理要率团到中国正式访问,她就打电话给总理府,跟办公室的工作人员说明了情况,有没有可能拜托总理给儿子捎一点咖啡。

他真的,总理真的带来了。

从机场出来,他让我一同坐他们的红旗车到钓鱼台国宾馆,同行的有好几位部长:外交部部长、基础设施部部长。我第一次经历这样的场面。明托夫总理把我带到他的房间,打开随身行李,把咖啡交给了我。

这样一件小事，让我更感受到这个人的伟大。

这是我第一次接触政界的人。从那以后，他们知道有我这样一个留学生，所以每一次有工党或政府的代表来北京，都会来看望我。有时候也请我帮忙，陪他们做一些简单的翻译、导游或者买东西。我当然很高兴，一直跟他们保持联系。我第一次开始考虑将来，那时候我想将来如果能做马耳他的外交官就好了。没想到这个愿望在北大毕业以后真的实现了。

语言学院的一年很快就过去了，我不想在一个只有留学生的学校待着，始终希望到一所真正的大学去读书。骑自行车闲逛的时候，我经常去北大，在那里我也有一位好朋友。我非常喜欢北大的校园，特别希望能被分配到北大读书，但我不敢想。那时候，我们这些留学生读大学，是政府分配的，我同班的同学中，有的分配到了沈阳，有的分配到了山东，有的分配到了上海，在全国范围内分配，没有人知道自己会去哪里，也没有选择。

然而，真的很幸运，我被分配到了北大。

长风破浪会有时

"那时候的北京,每天,每个星期都有新事物出现,人们充满希望。"

"我正在跟中国一起经历这些巨大的变化,激情澎湃。"

——克俚福

一

1978年，中国恢复高考后的第二年，我来到了北大，被分到了南门附近的26号楼——男生宿舍楼。

我的宿舍在一层，本该有一个同屋，但房间有些小，我就申请了一个人住。每个月从我的奖学金中另外扣除四十五元，当时每个月的奖学金是一百二十元钱。我也因此开了北大留学生住单间的先例。

到北大的第一天，我自己造了一个金鱼缸，养了两条小金鱼。要知道，我最初到中国是希望学习海产学的，虽然这个志愿再也实现不了了，可是我对海洋、对鱼类的热爱还是没有中断，这个小鱼缸就成了我对海洋学的全部纪念。这两条小金鱼跟着我在北大经历了很多事情，可惜后来一条病死了，另一条被偷走了，后面会再讲它们的故事。

正当我以为平静的生活即将开始的时候，晚上，我就见识到了北大留学生的复杂组成。在这里，你能遇到来自五湖四海的各个国家、各个种族的同学，有些甚至是政治上敌对的，却一起在北大包容的环境中并存。

我的宿舍是132房间。那天我刚洗完澡回来，隔壁134的同学就邀请我去他的房间喝咖啡。他是巴勒斯坦人，比我大很多。他的房间特别暗，只有一个大概20瓦的灯泡。他蹲在地上，用电炉烧着咖啡。其实这都是违反学校规定的，但那时候大家都偷偷地用电炉，甚至改造保险丝，现在想起来，年轻时干的事是多么危险。

我们就这样，他蹲着烧咖啡，我坐床上，闻着咖啡的香气。突然，他开口问我："你想看我的护照吗？"新来的我不知这是怎么回事，就说，好。他打开抽屉，竟然拿出十三本护照，不同的国家，但都是他的照片，不同的名字。我对他说："嘿，有意思！我只有一本。"我们又陷入沉默，他继续烧着咖啡。过了一会儿，他又问了第二个问题："你想知道我来北京之前是干什么的吗？我是职业杀手。"然后他给我讲他杀了十几个人，还给我看他的子弹伤痕。后来我才知道，他不是巴解组织成员，而是另一个特别激进组织的人，过去专门负责暗杀。

26号楼每个房间都有一个嵌在墙洞里的书架，两个房间的书架是连着的，彼此的声音都听得见。那天晚上我整夜做的都是噩梦，梦见他踢书架闯进来。

这就是我的邻居带给我的第一天。

过了十天,我又遇到了楼上的另外一个巴勒斯坦同学,这次他请我喝茶。聊着聊着,他突然要给我看他的步枪,我特别吃惊,问:"你在学校里拿枪有什么用?"他却说是为了震慑楼下的那位同学,原来这位同学才是巴解组织成员。

我一直以为北大是一个只有未名湖、图书馆,教授、学生的平静所在,没想到却遇到了这样的人、这样的事,不过还好,让我形象地体会到了北大"兼容并包"的特色,也算是到北大后上的特殊一课吧。好在大部分同学都比较正常,渐渐地,我也结识了很多

刚入北大时自己动手做的鱼缸

好朋友，生活慢慢步入了正轨。

到北大以后，我依旧保持"革命本色"，不愿意到留学生食堂吃饭，而是跟中国学生一起吃。一开始留办不同意，但北大这方面比较好，允许我们提出自己的看法，我就跟他们"辩论"：之所以留学生应该跟中国学生一起吃饭，一是可以自然地处于良好的语言环境中，有助于汉语学习；二是，也是我最看重的一点，在不同的食堂吃饭，实际上是在鼓励不平等。最终校方同意了，他们让我到一个小办公室买中国学生用的饭票。

我第一次去买到了饭票，粉色的、薄薄的一张小纸片，上面印着从1号到30号或者31号的日期，用掉一张，就剪掉一张。拿着的时候还要特别注意，如果手上有汗，它会融化的。

在北大的头两年，我差不多都是在中国学生食堂吃饭，当时只有两三个外国学生在那儿吃饭。虽然伙食比留学生食堂差多了，没有多少肉，即使有也大多是肥的，米饭里也有很多小石子，硌牙，但我也愿意。

后来不记得谁告诉我，如果参加校田径队，会有更好的伙食，于是我就参加了北大校队。我本想加入篮球队，因为我特别喜欢篮球，我的菲律宾同学和好友吉米被选上了，我却落选了，可是吉米比我矮多了！我在语言学院是代表学校参加大学联赛的，可是到了北大却没有入选。我最后入选了田径队，推铅球，天天训练，天天举重，也很有意思，渐渐地对这个项目入迷了。我一直觉得，大学生，年轻人最好参加一个运动项目。后来在一次训练中，我的腰受了伤，就再没有参加比赛。

当时的田径队员在北大很风光，不仅吃得好，还有统一发的运动服，比一般商店买的好看多了，穿起来又舒服。

那时候的物质生活依然很艰苦，但同学们会各自想办法进行"发明创造"，改善生活，寻找乐趣。

前面说过，虽然违反规定，但是我们还都用电炉做饭，烧咖啡，最绝的是，有的学生居然用砖头造了一个小炉子，烤比萨。

我则自己研究造酒，造自己喜欢喝的酒。我一般买那种最便宜的伏特加，然后里面放很多大料，存放几个月，就会变成法国的茴香酒。我还把蛋奶和中国出产的威士忌酒混合在一起，试出了味道差不多的百利甜酒。

1978 年，北大没有美国学生，中美还没有建交，欧洲学生也不多。

当时的东欧都在苏联那一阵营，因此北大也没有东欧的学生。我刚到北大的时候，正赶上阿尔巴尼亚学生的离开。阿尔巴尼亚是一直反对苏联的，当时国际上只有一个朋友，就是中国。两国闹矛盾以后，本来在北大的很多阿尔巴尼亚留学生就回国了。

第二年，我们听说美国人要来了！

那时候我们基本上都是一群思想偏左的年轻人，一听说北大要接受美国留学生，大家脑海里的第一个念头是："中国完了！美国人要来这儿了！"

第一批来的是美国的交流学者。当大部分留学生都在激烈地讨论，美国人来了我们该怎么办的时候，我在想什么呢？我想："这里边肯定有机会！"我一个人到中关村，花三十元钱买了辆二手自行车，很破的那种，前面的梁都折了。我自己找了一个地方把它焊上，重新上了油漆，给链子上了润滑油，万事俱备，然后我就开始等待，等着大巴车把美国学生送到北大。

大巴车开进北大南门，到26号楼前面停车，第一个美国人走下了车。

我上前问他："你想买自行车吗？"

他问："多少钱？"

在长城

在北京稻香湖

"一百五十元。"

一百五十元！我以为他会讨价还价，还到一百元我就很高兴了，毕竟这辆车有我的劳动。可是，他根本没有讨价还价，直接给了我一百五十元钱！我高兴死了，我两个月的奖学金啊！

我从北大的第一个美国留学生那里赚到了我在北京的第一笔钱。有意思的是，这车上的十几个美国留学生中有三个人后来在律所里做了我的合伙人。

其实我还用另一个想法说服自己，那就是要"剥削"美国人。

二

刚到北大的时候，我被分到了中文系的汉语专业。

然而我骨子里的反叛精神又开始出现了。那时候语言学的教材特别落后，课本还都是苏联系统中的理论框架。读斯大林关于语言学的论述时，记得他的一个观念是聋哑人之所以那么傻，是因为他们没有语言！我一看就觉得特别"反动"，我也接触过聋哑人，他们不傻，很正常，很聪明。

当时"文革"刚结束，一切都还在建设中。除了这些苏式教材，我们也没什么正式的课本，仅有的教材也都是老师手写的，然后油印出来，灰色的纸，纸张质量很差。

不仅没有教材，图书馆里很多书也都不能外借，包括语言学方面的书。西方文学也不让借，都是闭架的，学生不可以看。

但我遇到的老师特别好。记得有一位老师，他会自己翻译国外的论文，给我们读，也敢给我们讲国外的一些最新的语言学研究成果，要知道，那是1978年，大部分中国人的思想还是很保守的。

我在北大最喜欢的一门课是陆俭明老师的汉语语法课。他那时还很年轻，只有三十多岁。他讲得特别有意思，把枯燥的语法课讲得非常生动活泼。陆老师经常找一些特别的例子，然后给我们进行分析。他教给我的语法分析方法在当时听说有些学术界的人士不喜欢，但却让我受用终生。当我在工作中开始运用汉语写作的时候，无论是当外交官时写外交文书，还是后来当律师起草合同，我都坚持用陆老师的那种语法分析方法进行写作。现在我在律所里还会一字一句地修改那些年轻中国律师写的合同和诉状，我能从法律文书很长、很复杂的句子中，一眼就挑出他们的语言问题，比如偷换主语这类问题，说实话，我挑剔得他们都有点儿讨厌我了。

对我影响最大的还有傅民老师。

北大的规定是，虽然我们已经进入本科学习，但是必须要修语言课。傅老师教的就是这门对外汉语课。

进入北大以后，我发现，即使在语言学院学了一年汉语，可是当把我们放到北大的大课堂中，周围是一百多个中国学生，只有我们两三个外国学生，老师不可能为了照顾我们刻意放慢讲课速度，或者刻意把板书写得非常清楚。我们感觉很吃力。

我记得第一次上课时就懵了。老师可能是重庆人，说话特别快，板书也特别草，我都怀疑自己永远不能适应了。记得班上有一个加蓬的同学，后来也做了外交官，他听完这节课，问我："老师说的是什么呀？我一句都没听懂！"我稍微好一点儿，也只听懂了百分之三十左右。

傅民老师也是中文系的，专门为我们开设汉语课，每星期三次课。当时北大的对外汉语也没有自己的教材，所有的教材都是她自己找材料编写。我们这一群年轻人，对教材有很多要求，不要老一套的内容，我们想要学地道的汉语,想要读真正的文学作品。傅老师很辛苦,她为我们找了各种各样题材的作品,非常有意思,白话的、古文的、清代的、明代的,小说的选段,包括《三国演义》《水浒传》,老舍的话剧……这些有血有肉的作品,还要兼顾我们的语言水平,要选择比较好懂的段落。

傅老师上课非常有激情,讲解清楚,深入浅出,而且特别有创造性,因为她了解我们留学生的需求,了解我们的特点。当时班上有欧洲学生,有非洲学生,有巴基斯坦学生,有日本学生。傅老师非常了解我们各自的背景进而灵活施教,而不是僵化地使用一种方法。比如日本学生汉字好,她就给他们出难一点的问题。课文的难度傅老师也会随时调整,根据我们的水平、状态,难易相间。有时候她也会教我们一些北京话的词句、歇后语等有趣的语言内容。我跟她学到了很多很多。

北大的课程非常丰富,我转到文学专业后,更是选了特别多的课。

转专业这件事,我内心非常感谢北大,因为手续特别麻烦,还得请示教育部,但是北大校方排除万难,帮我成功地从汉语专业转到了中国文学专业。

当时北大留学生的风气是不太好好上课，特别是那些只来半年、一年的语言进修生。可是我有不一样的想法，我非常珍惜这个唯一读大学的机会，我要好好利用这四年的时间，努力学习，掌握知识。

1977年入学的大学生，是只发毕业证书的，没有学位证书。可是到了我们这届，突然改变了，所以当我听说我们这届除了毕业证书外，还要发学位证书的时候，别提多高兴了，因为在国外找工作，其实更认学士学位证书。

我记得特别清楚，我的毕业证书编号正好是"留毕8200001号"，1982年的第一号。

在北大期间我很用功，早晨七点半的课程我都上，不管外面多冷、多黑我都去上。

当然我也保持了一贯的批评的态度。记得在当代文学课上，老师在讲作品时，非常传统，总是先介绍作品多少万字、多少章一类的，我却觉得这些没用，我希望老师带领我们分析作品的内涵，分析作品的实质、作品的美。不过可能那时候刚刚开放，老师们都是畏首畏尾的，不敢放开讲自己的观点和想法。

还有一次，老师讲抗美援朝战争小说《谁是最可爱的人》，老师讲得非常激动，就好像身临其境一样，有两个学生，在教室的后面开始提供"声效"，模仿枪声、炮弹声，我们都笑得不行。这也是我们对一些课程不太满意的另一种方式的"抗议"吧。

考试有很多背诵，虽然我不理解为什么大学了还要背那么多，但好在我的记忆力特别好，考前突击背一阵，就可以轻松地过关，甚至比一些中国学生的分数都高。有一次在民间文学课上，老师还专门批评中国学生说："你们看！外国学生考得都比你们好！"我当然更希望老师不说这些。

我们也上戏曲曲艺课，汪老师主讲，他的课也特别生动，还请了曲艺界的很多大师，包括相声大师侯宝林以及他的儿子侯耀文来给我们讲课。

侯宝林的那次课我记得很清楚。我很早就听说过侯宝林，也喜欢听相声。我家里过去有很多磁带，侯宝林的相声全集我也有。平时听相声的时候，演员说得很快，也有很多方言，不太听得懂，但我坚持听，觉得这是提高语言水平的好方法。

在北大，我一如既往地保持跟社会紧密接触的学习精神。每个星期至少四五次到校外的海淀浴池洗澡。

那是公共的大澡堂，我和来自冰岛的朋友一起去。几毛钱，一个铺位，可以在那儿睡一觉。老师傅们一般在那里开收音机听京戏,听评书,特别有老北京的气氛。大家都光着膀子,很放松。也可以找一个老头儿给搓背。大澡堂里有很多池子,最烫的只有最老的人去,我们都不敢进。

我和朋友经常去那儿,跟那些老头儿聊天,北京的老头儿很健谈,很幽默,我们一进浴室,大家就会开玩笑:"哟!涮'洋'肉了!"在大澡堂我也学了很多地道的北京话,不懂的就去问。我特别喜欢北京的这些老头儿,他们可能一生当中也没接触过外国人,但是他们根本没什么老外不老外的想法,完全把我们

和中国农民在一起

当作跟他们一样的人。这就是我喜欢老北京的地方，特别自信从容：这是我们的地盘儿，我们很开心，干吗要为一个外国人改变自己的行为呢？

可能是受这些老头儿的影响，我们几个开始对戏曲感兴趣了，每个星期起码要有两次去听戏。在金鱼胡同的吉祥戏院，还有另外几个老的戏院，前门还有一个很有名的戏院，现在这些地方都没了。

那时候我们不仅是去听京戏，各式各样的戏曲都听：河北梆子、评剧、川剧，还去天桥那儿听说书，当然不太听得懂，但是我们坚持听，仔细听，一边听一边喝茶吃鱼皮花生。那时候获取演出信息的渠道也不多，我们一般看《北京晚报》，晚报上只要有演出广告，我们就去。

我们当时有一个小圈子，都对这些感兴趣，都是很特别的人：一个冰岛同学；一个奥地利同学，他直到现在还在中国；还有一个更奇特的瑞典同学，叫冯辽，他是瑞典皇家东方学图书馆的主任，来北京的主要任务是买书。

这冯辽真是个人物，头特大，真是聪明。他对什么都感兴趣。他是个地道的汉学家，不是那种正式的严肃的汉学，他对中国蛐蛐儿文化特别喜爱，深入研究了所有中国文学、戏曲、艺术中出现的蛐蛐儿。他经常去安徽爬山寻找蛐蛐儿，直到现在，他每次来中国，都要从瑞典那里申请一个许可证，允许他把蛐蛐儿带入瑞典境内，最多的一次他带了好几万只蛐蛐儿回去。

这个人很有意思，他是那种只要喜欢，就喜欢到底的人。现在除了蛐蛐儿以外，他又开始对印度音乐感兴趣，可能世界上没有一个人能像他一样了解印度音乐了。

我当时在北大，兴趣全在听戏。听戏的时候，精

与西北农村的孩子合影

力要特别集中,一边听那些难懂的台词、唱段,一边还要看舞台两边的字幕,对我的语言能力提高特别有效。我也经常去茶馆,我刚来北京的时候,茶馆都没有了,后来这些过去消失的东西又慢慢回来了,但感兴趣的人却不多了,只有一些老头儿老太太和我们这几个老外。

三

1978年的北京,可以说是百废待兴。

当时西方的东西也不是很多,外国电影几乎没有,街上也没有多少出租车。那时候街上的饭馆都是国营的,服务态度也不是那么好。

我们手头都有一本书,新中国成立前出版的,法国一位汉学家写的介绍老北京的书。我们按图索骥,按照书里介绍的地方去寻找,可惜大部分已经都不存在了,寺庙已经变成工厂或者别的单位,不过有些老字号饭馆还在。

每个周二晚上,我们都会呼朋唤友地叫上一大堆留学生去一个饭馆里吃饭。因为如果只有几个人,能尝的菜不多,如果有二十个人,就可以把菜单上的每一道菜都点到。

之所以星期二去饭馆,是因为我们把一个星期的每一天都安排好了,比如星期一是"茶馆日",星期四是"戏曲日"等,而星期二是我们的"老饭馆日"。

我们每个星期都去一个新的地方,每道菜都试一遍。冯辽对菜名也很有研究,什么"赵先生肉""蚂蚁上树""三不粘"等,他都要原原本本地弄明白,到饭馆后厨请厨师跟我们讲怎么做这些菜,用什么作料等。

除了"系统"地吃饭,喝酒我们也是有序地安排。比如白酒,这段时间尝汾酒,那段时间就喝大曲酒,各种牌子的我们都尝试过。

和同学们在北京的餐厅

这也是一个学习的过程,说实话,比上课好玩多了。而且我觉得学了很多有价值到现在还有用的东西。

除了吃、喝,我们也经常一起去书店找书。那时候很多所谓的"禁书"又开始出版了,我当时是懂得最少的,过去我并没有学过中国文学。而他们这些欧洲来的,早在欧洲大陆就学过,所以他们知道有哪些书有意思,我就跟着他们到处去淘书。

最初,书店里基本上只有鲁迅先生的作品,慢慢地,过去都是禁书的一些作品,比如说巴金的《寒夜》、茅盾的《子夜》,都开始恢复了出版。老舍的《猫城记》被禁了几十年,这时候也重见天日了。

话剧舞台也开始活跃起来:《茶馆》《骆驼祥子》,还有《龙须沟》。从那时候开始,我们觉得文化生活真的丰富起来了,所有的都回来了,人们一下子看到了希望。

1978年年底的中共十一届三中全会对很多现在的中国年轻人来说,大概只是历史中的一个词语,但对我来说,却是切切实实的一段经历。

记得三中全会的第二天,我正好在一个同学家里。他在读《人民日报》的新闻,然后兴奋地对我说:"好像要有大的变化,真的大变化。"紧接着,农村搞活了,大家的喜悦之情溢于言表。现在的人们大概无法理解这种感情，那时候草莓上市都是一件奔走相告的喜事。

离我们北大很近的黄庄，是北京最早的自由市场之一。所谓自由市场，就是农民可以自己在那儿卖东西，卖水果、卖肉、卖菜。原来国营商店只有白菜，其他的什么都没有。

还有全中国第一家私营饭馆。那是在美术馆斜对面的一个小胡同里，这么大的一个事件，我当然要躬逢其盛。当时热衷于在意见簿上提意见，其实也不是真的有意见，完全把这个当作汉语练习了。

我经历了北大和中国的那么多的"第一次"，比如前面说的第一次颁发学历、学位双证书，第一次实行学分制，第一个自由市场，第一个私营饭馆……我还拥有了北京第一辆能换挡变速的自行车赛车。

那辆车是一位美国同学带来的，他不要了，我就买了过来，大概是1979年的时候，北京还根本没有那种赛车。我的那辆车有十个挡，骑的时候姿势也跟骑普通自行车不一样。那时候我们北大周围都是农村，很漂亮，空气也特别好。我经常骑着这辆赛车进城，感觉特别棒，一路上总有人停车围着我看，更经常有中国小伙子跟我赛车，最远的一次，从西单一直赛到东单。

最有意思的是,当时我蓄着大胡子,很多人就以为我年纪很大。经常会有年轻人过来问:"老人家,您今年高寿?""什么呀?!我比你小好不好!"

这就是那时候的北京,每天,每个星期都有新事物出现,人们充满希望。我1977年到北京,"四人帮"刚粉碎没多久,毛主席、周总理、朱德也都刚刚逝世,大家都不知道中国的未来会怎么样,都紧张而焦急地等待着,观望着。我也一样,失望或者说疑惑。而现在这一切正在改变,我正在跟中国一起经历这些巨大的变化,内心激情澎湃。

人们的思想也从禁锢中解放出来,越来越活跃,热情地谈论着国家大事。

我特别愿意坐硬座在中国旅行,旅途中能听到很多故事,那一代中国人都是有故事的人,刚刚经历"文化大革命",都愿意讲给我听。

西单那时候出现了一座民主墙,北京市民都可以参与,他们讨论所有的事情,"文革"中的冤案,社会中的问题,国家的命运、前途,国际形势,更多的是讨论"文革"之后的改革开放。我们北大的学生,经常骑自行车去那里看。

北大校园的气氛也开始活跃起来,学生活动日渐增多。

北大的舞会是非常有名的。我们参加了北大改革开放后的第一场舞会,就在现在的百年纪念讲堂的位置,以前是大饭厅,晚上经常用来放电影,我们自己带板凳去看,里面特别冷。

突然有一天,一个消息传开了:北大要办一场舞会。我们留学生听到这个消息也很兴奋,北大终于有娱乐生活了。

可是我们一进到舞会现场就傻了:大饭厅里,灯火通明,老师们站在旁边监督。舞场里,男生跟男生跳,女生跟女生跳。音乐也不是迪斯科的音乐,都是华尔兹这类慢节奏的。我们跳了一会儿,觉得没意思,很快决定:我们要自己办一场真正的舞会!迪斯科舞会!

办迪斯科舞会我已经有经验了,因为在语言学院的时候就办过,不过真是历尽艰难。

当时,我们的所谓"舞会"都是在楼道里的小型聚会,要办一个大型的舞会,得得到学校的批准。好不容易学校同意了,让我们用一个大食堂,但是有很多规定,比如说食堂里的大灯都得开着,可是这我们哪愿意啊,亮亮的舞厅多没有气氛啊!老师不同意关掉一部分灯光，那我就自己想办法：去"搞破坏"，去弄断保险丝，灯就不能亮了。可是这个"破坏"对技术的要求又很高，既要把一部分大灯关了，又要保证食堂的音响系统正常工作。这还要感谢父亲传给我的电工基本技术。那天晚上我忙得不亦乐乎，完全没有时间去跳舞。

当时语言学院大部分都是外国学生，也有一些中国学生，但是很少。那天晚上来跳舞的大部分是留学生，但是也有中国学生。

有了语言学院办舞会的先例，在北大组织舞会就非常顺利了，而且北大校方也比较开放。

随着我们的加入，北大的舞会也渐渐地有了更多的形式更多的色彩。

当时还天天打篮球，虽然我没有进入北大校队，但是没关系，我和一个委内瑞拉的同学跟北大的几位职工组建了自己的篮球队，去校外打比赛，跟北外的，跟语言学院的，到别的大学里去比赛。

北大就是这样，什么样的人在这里都可以被接纳，被包容，我也接触了很多人，并且喜欢这种接触。北大的这种教育深深地烙印在我的生活中。

四

在北大的时候,我第一次接触了拍电影。

长春电影制片厂要拍摄《客从何来》,剧本中有四个外国人的角色,因此他们到北大来找留办,希望能从留学生中选几名临时演员。

那天,我刚吃完饭,留办主任柯高来找我,说有一位电影导演想跟我聊聊。我们并不知道这位导演是谁,他被柯主任带着,在我们宿舍转了一圈。事后,导演告诉我他转的时候就是在挑选合适的演员,然后就选中了我。当时我留着大胡子,可能比较符合电影中外国人的形象。学校也准了我两个多月的假去拍电影。除了我以外,还选上了一位冰岛同学和一位南斯拉夫同学。

我当然感兴趣,可是出现了一个问题:拍摄的时间,正好是我准备回马耳他度假的时间。我没有太多的钱,一直没能回马耳他,这次是我来中国三年多第一次回国,而且暑假的时候我还打算做潜水教练,赚一点钱回北京。

幸运的是,机会来了。一个澳大利亚同学听说澳大利亚大使馆要重新粉刷所有的房屋，但不想请外交人员服务局的工人来做，他们希望找人手工粉刷，不用大动干戈地搬走所有家具。

可是没有澳大利亚人愿意去做这个工作，我一听说，立刻找到这位澳大利亚朋友，问清楚他们对工人的要求，然后找了几个朋友，非洲的、荷兰的都有。

可是这是一项大工程，得旷课。那些一百多人的大课好办，逃了也不会被发现，可是傅老师的课怎么办呢？只有六七个学生，而且说心里话，这门课也是我非常不想逃的。我心里最理想的安排是白天去打工，晚上回来自己把落下的功课补上。我找到傅老师，跟她说明了我的情况和想法。傅老师一听，就说："去吧，我会帮你补课！"

我把同学们分成几组，每次都是四个人，辛辛苦苦地刷了三个月，工间休息的时候，还看了那些外交官收藏的一些电影录像。刷完之后，又把所有家具归回原位，把地面打扫干净，使馆特别满意。我记得当时赚了两万四千元钱，那可是一笔巨款！如果有车买，我都可以买一辆汽车了。

我一下子成了富翁，叫上我最好的朋友，坐火车，路上下象棋、看书，一直从蒙古的乌兰巴托，到莫斯科，再经过捷克斯洛伐克、奥地利和意大利，最后回到了马耳他。当时正值1980年的莫斯科奥运会，很多同车的旅客以为我们也是去参加奥运会的选手呢。

从马耳他，我还去了丹麦的哥本哈根，两万四千元钱全花光了，没钱去拍电影的地方了。长影给我买了飞机票，我就从哥本哈根飞到了电影的外景拍摄地——广州。

导演是蒙古族人，全名叫广布道尔基，当年非常有名。他是个挺有意思的老头儿，因为"文革"中的迫害，他身体很不好，要经常吃药，一生气还会晕倒。他很愿意带我，没有我的戏他也带我看，教我，带我拍戏。他更是个有故事的人，我十分敬佩他。

他是老共产党员，意志非常坚定。他拍摄过一部有关中国第一辆国产红旗轿车的纪录片，记录了红旗轿车的生产全过程，从设计到生产，到最后的镜头——毛主席站在红旗轿车里边向群众挥手。

但恰巧是这部纪录片在"文革"的时候给他带来了灾难——在影片中，他没有强调这是工人阶级劳动的结晶。

导演这个人特别高，特别帅，蒙古族人的那种帅。可是在"文革"中，被关在楼梯下面的一个小空间里，整整两年没洗澡。

他获得自由以后,依旧没有放弃拍电影,而且还满怀热情地拍摄了革命题材的电影《刑场上的婚礼》。我相当敬佩他,一般人在那样的环境中,可能都活不下来,他不仅顽强地活下来了,而且没有改变自己的初衷。

他还是一个与众不同的导演,在当时所有的电影都是一边倒地表现革命的时候,他在《刑场上的婚礼》这样一个讲述广州起义的故事中,别出心裁地加入了爱情的元素。我们的这部电影也是,在今天看来,《客从何来》也许并不是一部电影杰作,但它带来了一种突破,1949年以来这是第一部有接吻镜头的中国大陆电影。过去的电影,在两个人开始接近的时候镜头就会往上摇,摇到路灯上。这部电影是勇敢的,也是第一部有跳迪斯科舞镜头的电影。虽然无论是接吻还是迪斯科都是由外国演员完成的,但这都是勇敢的突破。还有另外一个突破就是,第一次在中国的电影中出现了粤语歌曲。虽然这些镜头最后在审片的时候都被删掉了,可是它代表了一种趋势,一种勇敢的、开放的趋势。

《客从何来》是讲述在广交会中破获商业间谍案的

故事，角色都要穿西装，拿公文包。可是这些东西，当时在中国买不到像样的。我们的导演是一个讲究细节的老头儿，他不愿意用那些一看就穿帮的道具；他也是个聪明的老头儿，他找了广州海关的一位老先生做电影顾问，随后让我和尼诺——来自南斯拉夫的北大留学生，去香港，变卖了他自己从内蒙古带来的一大块玉石，换成钱，然后按照导演开列的清单在香港购置这些道具，买妥之后，坐那时刚刚开通的香港到广州的直通车回去。

整个拍摄期间，我们都住在广州军区大院，吃得特别好，每天都有白面大馒头，我们一顿都吃好多，出入也都是军区的车接送，拍摄的过程也特别有趣。影片里一共有四个外国人的角色，我演的是外国马大哈，冰岛的希约利演的是酒鬼商人，每个镜头都在喝酒，南斯拉夫的尼诺演特务，还有一个在北京长大的美国籍女演员。其实我们四个角色代表的就是那个年代外国人在中国人心目中的形象：酒鬼、色鬼、特务等。

接吻的镜头虽然被剪掉了，但拍摄的时候却很有意思。当时的两个演员一个是北大的尼诺，一个是美国的凯西。凯西的经历也很特别，她爸爸本来是一个美

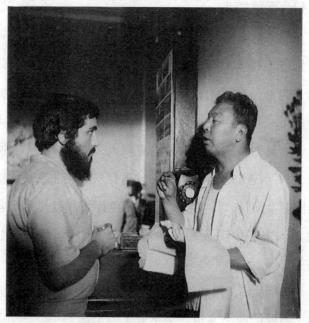

电影《客从何来》工作照

国的官员,后来在麦卡锡时代,因为思想"左倾",就带着两岁的凯西来到了中国。所以凯西虽然是美国人,但她从两岁开始,小学、中学、高中、大学都是在北京上的,基本上就是中国人。凯西鼻子比较高,尼诺的也比较高,然后导演说戏的时候,让他们先试试如何接吻,他们就彼此侧对着脸练习。停!导演一看就喊了停,说:"这么接吻太难看,你们怎么这样接吻,脸要这样正对着!"尼诺和凯西试了很多次都没有成功,鼻子太高!

电影公映了。当时电影很少,不管是单位组织还是自己去看,反正每部电影大家都会看,我一下子成了"明星"。走在路上,即使我戴了很厚的围巾,还是有很多人认出了我,他们叫着我电影中的名字:"达尔曼!达尔曼!"

除了电影情节,我发现大家还在议论酒店房间里用的那么小的冰箱,那个包的样式,那个服装的款式等。可以说,这部电影实际上给当时的中国人带来了很多不一样的感受,很多从未见过的事物。

对于我来说,这部电影也是影响深远。这次的经历让我对电影镜头后面的工作开始感兴趣。

五

谈北大，是一定要说到爱情故事的。

北大每天都在上演着各种各样的爱情故事，悲剧、喜剧都有。

大学时，我最好的朋友之一是来自北欧的一个男生。他不像我们南欧人，热情奔放，他的话很少，是一个非常沉默的人，有时你甚至会觉得他有些冷漠，但特别帅，很多女孩子喜欢他。

一个南京大学的法国女生爱上了他，而且他越冷漠，女孩子就越喜欢他。她从南京大学跑到北大，在我的宿舍借住了三个月（因为我是一个人住，宿舍里空了一张床铺），就为了追这个北欧男生。男生走到哪儿她就跟到哪儿，追不上就回到我宿舍里哭，我还得充当心理辅导老师安慰她。不过最后也没有成功，女孩子还是放弃了，悲伤地回了南京。

还有一个丹麦的男生，因为他的头发接近于白色，我们都戏称他为"白毛男"。他在南开大学读书，可是爱上了北大的一位中国女生。

这个女孩子来自云南，他们相爱了，申请结婚，可是女生的户口在云南，不能在北京结婚，她要回云南去办理很多手续，但是那边根本不给她办，实际上，从云南的官方到女孩子的家里都不同意这门婚事。

当时跨国婚姻非常难。

男孩子的签证到期了，去续签的时候被拒绝了，中国方面的意思是希望他能知难而退，就此回丹麦去，这段感情也就自然被斩断了。

可是男孩子心意坚决，即使没有签证，即使是非法滞留，也要留在中国，跟他的女朋友在一起。

跟那个南大的女孩子一样，他也滞留在我的房间。

我的房间那时候就像一个沙龙，我不在的时候，钥匙放在门上，谁都知道，所有人随时都可以进来。不过有一次，一个人把我养了很久的心爱的小金鱼偷走了。为什么我坚信是被故意偷走的呢？前面说过，那个鱼缸是我自己做的，当时做的时候，就想到有可能小金鱼会跳出来，上面有盖子。偷鱼的人掀开了盖子，偷走了我的小金鱼，我养了多年的小金鱼！但没办法，我只能对自己说，活该！谁让你把自己宿舍的钥匙随便给人！

这个丹麦男生在我的房间里躲了三个月，不敢出去，吃饭都是我们从食堂买来带给他。他怕被遣送回国,女孩子会偷偷来看他。

正当他们一筹莫展的时候,突然他获悉丹麦女王要访华,会邀请本国的所有留学生参加欢迎宴会。北大还有其他丹麦学生,他跟他们一起溜上了大巴车去人民大会堂参加了这个宴会。

宴会上,邓小平主席和丹麦女王坐在主桌,学生们坐在隔得很远的一桌。这个丹麦学生居然站了起来,走到主桌边自我介绍了一番,然后就开始讲他的这个故事。

令他惊喜的是,邓小平主席非常支持这桩婚事,认为这是一件好事,改革开放了,年轻人相爱就应该支持。他当场就把问题解决了。

我们大家都为他高兴,都觉得爱情战胜了所有困难。我们还在我的房间和楼道里为他们举行了很大的派对,买了很多啤酒庆祝。不过听说他们后来到了丹麦之后,还是分开了。可能年轻人的爱情就是这样,越是有阻力的时候越是要在一起,一旦开始真正现实的生活,各种问题反而就出现了。

北大是一个特别适合谈恋爱的地方,未名湖就是一个浪漫的地方,我跟我的第一任太太也是在北大相识、相爱、结婚的。

她是美国人,但是作为加拿大麦吉尔大学的交换学生来到了中国,所以我们没把她算作美国人。

很快我们就决定结婚,我们是 1981 年 1 月认识的,5 月就结婚了。当时是不允许大学生结婚的,我也经过了一番周折。

为了我结婚的事,留学生办公室主任跟我开了多少次会,我都不记得了。柯老师喜欢抽烟,在开会的小房间里,每次跟他开一个小时会,出来的时候我就觉得要晕倒了。

柯老师一边抽烟,一边转达学校的意思,就是不鼓励我们在这儿结婚,但那时年轻啊,满脑袋都是爱情、婚姻自由。一定要结婚,后来北大也同意了。

随后就是各种繁杂的手续。当时在北京还没有马耳他驻华使馆,连代办都没有,所有的证明文件都得在马耳他国内办理。我没有拜托妈妈去办,因为没有告诉她我要结婚。

我们一起到王府井的中国照相馆照了结婚照,我选了一张照片寄给妈妈,告诉她当她看到信的时候,我已经跟照片中的这个女孩子结婚了。

我们结婚的日期都不是自己定的,而是北大定的。办了将近三个月的手续,留办的柯高主任找到我,对我说:"你们5月11日到海淀人民政府那儿登记,带上所有的文件、护照、学生证。"

那天我们到海淀那儿登记结婚,也没有一个地方写着"婚姻登记"的字样,上面的牌子写的是"标准计量所"。给我们登记的是一位姓孟的同志。

颁发结婚证的时候,要给我们宣讲《婚姻法》的内容,好多我都没听懂。

我们当时的结婚证也很有意思,我一直留着,虽然那段婚姻已经结束了。

当时中国正在搞"四个现代化",我们的结婚证写有八个大字:"勤俭节约,计划生育。"右边的图片是火车头、火箭,还有原子图形,中间是很大的一朵蘑菇云。当时我就想:这吉利不吉利?

登记用的是我们的中文名字,也不写外国名字,费用才六毛钱。我当时很小,才二十四岁。

结婚以后我们继续上学。我太太是哲学系的进修生,但是她没怎么上过课,一直在外面工作,在法新社做翻译,还有一些研究调查。我则一直在上课。

很快她就怀孕了,我们做学生的,当时只能去北医三院生产。我在北医三院有过不太愉快的经历,所以就去了协和医院,现在又恢复这个名字了,以前改名叫首都医院。

我还是希望太太回马耳他生孩子,于是开始了跟柯高主任的又一轮"谈判"。

那时候,我就差一门课的学分,还有毕业论文了。所以我想申请提前毕业。这的确也是很麻烦的事,最后学校同意我提前开始写论文,并用另外一门课补齐学分。

就这样,1982年的1月,我得以提前四个月,拿到了毕业证书。

直挂云帆济沧海

"我当外交官有个座右铭,就是:'不是外交的外交。'不管在什么艰难的情况下,都要保持幽默感。"

"外交官和律师两种工作哪个我更喜欢?当然是外交官,因为再没有比为国家服务更有成就感的了!"

——克俚福

一

1982年2月,我带着怀孕的太太回到了马耳他。虽然大学毕业了,回国了,但真的不知道要干什么,特别是能用我辛苦学习几年的中文从事什么职业。

我曾经想过继续当潜水教练,可是情形跟以前不一样了:有一个孩子马上就要出世,我不能再那样随心所欲地做一个随便的工作,必须找到一个正式的工作,能让我养家糊口。我不停地在想:是去找一家公司,还是到马耳他为数不多的两三家中餐馆去找一份服务员的工作。

在我这一辈子中,幸运之神总是能看到迷途中的我,眷顾我,这次也是一样。

有一天,我正在马耳他的首都瓦莱塔闲逛,遇到了中学时的一个老同学。他从事法律工作,担任工党的律师。闲聊的过程中,他问我打算干什么,我坦白地说还没想好,但其实我非常想在政府中找到一个公务员的职位,但不知是否有空缺,我也没有这方面的信息来源。没想到,老同学一听,直接说:"好啊,既然你有这个想法,那走吧,跟我去见外交部部长。""现在就去?"我掩饰不住吃惊,"现在怎么去见？你看我穿得多随便，就这么一件T恤！""没关系，走吧！"我的老同学坚持马上带我去见外交部部长。外交部部长是他的客户，也是他的私人朋友。

非常巧的是，我发现我见过这位外交部部长。1977年，明托夫总理访华给我带咖啡的时候，他也在场。那时，他还是工党的国际秘书。我跟他做了大致的自我介绍——我是谁，哪儿毕业的等。他说："我们早就知道你，你来得真是时候，前几天，我们内阁刚刚决定要在北京建立大使馆，不知你是否愿意去。"

我想都没想就答应了，但此事得先跟我太太商量。虽然我很想回北京，但毕竟我们刚回到马耳他，转身就又回去，实在是一个有点疯狂的决定。

就这样，外交部部长给了我这份工作，我就此进入了马耳他外交部，被分配到远东事务部，而远东事务部所有的工作人员中，只有我一个人去过远东。

当时远东事务部在马耳他外交部是一个非常奇特的所在，大部分工作人员都可能是因为在工作中出了问题，而被处罚降级到远东事务部的。

只有我是自愿到远东事务部，非常愉快地开始了在那儿的工作。

我这个人特别喜欢并且擅长自学。在此之前，我从没学过国际关系的课程，不懂得礼宾，也没学过怎么使用外交辞令，更不会用这些进行公文写作。但是我非常用心地学习，研读了很多档案，然后我从小事情开始做起，从小公文开始写起，我的文字功底非常过硬，会写东西，比如某个国家的新总统上台了，我们国家要给他发贺电，我就从贺电这种小文章开始了我的外交生涯。

别小看贺电这些公文，需要注意的细节特别多，对方的名字拼写是否正确，用词是否准确，是用祝贺还是用热烈祝贺，什么职务才能叫阁下，这些都是有讲究的。

在外交部我不知疲倦地做着这些小事，调回北京的事也慢慢地尘埃落定了。

我1982年2月回国，两个星期之后进入外交部。5月5日，我的第一个孩子安娜出生；而在安娜出生后的第三天，我离开了她们母女，一个人又回到了北京打前站；三个星期以后，我的太太带着刚满月的孩子也到北京了。

回到北京的时候，可以说我们一无所有。身上最重要的东西就是一枚公章——马耳他大使馆的公章，外加一个密码本。其实那部密码本根本没必要，因为

随总理访华向人民英雄纪念碑敬献花篮

马耳他语本身就非常难,世界上懂的人极少,足可以起到密码的作用了。

首先要解决住的问题,我先落脚在民族饭店,在那儿租了一间房子,作为筹建大使馆的基地。

太太和孩子来了以后,我们在建外公寓租了一间房,可是房子是空的,什么家具都没有。孩子也才一个月大,有时候我们带着孩子走在北京街头,总会有中国妈妈说:"哎呀,这么小的孩子!"

马耳他当时资源很少,也不肯花太多钱用于筹建使馆,而且马耳他政府一直觉得中国什么东西都很便宜，自然也不用给这边划拨多少钱。一切都得我自力更生。我们没往中国派驻大使，只有我这个临时代办，我既是大使馆的"馆长"，也是大使馆全部的工作人员。

整个大使馆只有我一个人，像蚂蚁搬家一样，一手慢慢地筹建起来，从家具，到地毯，到窗帘，到电话，到电传，到文具……都是我一个人满北京地去跑，去办，太太也会带着还很小的孩子来帮忙。

所谓西式家具只有友谊商店才卖，别的地方没有好的家具。即使友谊商店卖的也是特别老式的那种，像我奶奶那个时代用的，但特别结实耐用。好多年后，当我再次回到北京担任大使的时候，看到使馆里有一些家具还在——一些柜子、书架、花台，我跟使馆的人说："这些都是我买的。"

汽车也是自己买的，当时北京买不到汽车，要从国外订，从日本订，我就从日本进口了一辆丰田车当作使馆公务用车。一切都从零开始。

那时候在中国办事特别难，手续繁杂不说，还得到处"求爷爷告奶奶"。记得那时候我走到哪儿都带着那枚大使馆的公章，因为我们还没有自己的电传，如果要向马耳他国内请示汇报事情，只能发电报，而发

在外交部的欢迎宴会上

电报又只能去西单的电报大楼。盖上大使馆的公章，电报大楼的工作人员会比较快地为我办理业务。当然后来有了自己的电传设备，这一切就都方便多了。

5月，我回到北京筹建大使馆；6月底，明托夫总理就要来访，大使馆就要开始担负起接待安排的任务，所以这一段时间真是马不停蹄地忙着，所有的设备都要配备齐全，以便总理访华的时候使用。

二

从1982年筹建马耳他驻华大使馆开始，我在北京待了四年，外交官一个完整任期的四年，并且在这期间，迎来了我的第二个女儿浦丽亚。

我在任的四年中，马耳他总理对中国进行了三次正式访问，两次工作访问，马耳他的总统也来了，李先念主席也对马耳他进行了国事访问。可以说，这四年中，马耳他跟中国的外交关系进入了更加紧密的蜜月期。

我们需要回顾一下中马两国建交以来的历史往来。

1972年中马两国建交，在马耳他脱离英国军事基地的问题上，中国帮了很大的忙。周恩来总理与明托夫总理签署软息贷款协议，决定在马耳他盖基础建设项目，并且派工人和技术人员，帮助我们建成了地中海最大的干船坞，我们马耳他人称之为"红色中国干船坞"，实际上它在正式文件中的官方名称是"6号船坞"。当时有差不多三四百位中国技术人员和工人参与到这个建设项目中，建成以后的船坞，可以容纳30万吨的油轮在港口停靠维修，这可以说是对马耳他的雪中送炭。而且后来我来到中国后，才知道即使在中国本土都没有这么大规模、高技术的干船坞，在我们马耳他建成后，中国才在大连建了一个跟6号船坞一模一样的新船坞。

这个项目从理论上说，是马耳他和中国签署的一个贷款协议，但是实际上这个贷款是一种软贷款，也就是说没有还款期限的硬性规定，马耳他想什么时候还就什么时候还，而且还可以用其他方式来替代偿还。

这种贷款协议实质上就是一种援助，周恩来总理还签署了建厂的协议。协议规定，中国在马耳他将修建一些工厂，雇用当地工人，解决就业。这些工厂虽然技术含量不是很高，而且好多仅仅存活了几年，顶多十几年就倒闭了，但是它当时雇用了很多原来在英国军事基地打工的马耳他人，所以我们为此一直都非常感激中国政府和人民。

当时修建这些工厂并没有今天的投资环境、市场需求这类的先行调查，比如说，当时建立了一个玻璃厂，制作玻璃器皿，可实际情况是，在马耳他建立玻璃厂，怎么可能跟意大利的玻璃工艺竞争呢？没有设计怎么行？

马耳他在欧洲的南端，距离意大利特别近，受意大利的影响很深，很多产品、日常用品都是直接从意大利进口来的。

玻璃厂最后虽然倒闭了，却给当地的老百姓留下了另一种益处。大工厂虽然倒闭了，可是烧制玻璃的技术却留下来，很多马耳他工人利用这些中国人教给他们的技术，自己开设小玻璃厂、私人的小作坊，因为规模小，又是纯手工制作，又有个性化的设计，产品销路反而比摊子很大的工厂要好，所以直到现在，马耳他还有很多这些当年留下来的小玻璃工厂。

纺织厂的开办也不是一个成功的例子，因为马耳他出产的纺织品无论如何也不可能跟亚洲的产品竞争，销路很成问题。

可能最没有考虑到市场需求的就是巧克力工厂的设立了。当时中国的巧克力工厂实际上也只有上海一家，而且质量不是很好。我们这个年龄的人都知道那种巧克力，基本上只有糖的味道，实际上算不上真正的巧克力。

可这些工厂代表的不仅仅是工厂，而是两国的友好往来。于是，为了打开这些商品的市场，明托夫总理下了一道禁令，禁止马耳他进口巧克力。

明托夫虽然是民选总统，但他是个思想偏左的铁腕人物。他认为，我们必须要保护这些工厂，保护工人们的就业，保护工人的福利，所以不能让这些工厂倒闭。

当然，老百姓们都很不高兴，我记得有时候从国外回来，在机场看到老头、老太太被海关没收意大利的巧克力，心里就想，这个世界上居然还有走私巧克力这么奇特的事发生在我的国家。

多年以后，一个偶然的机会，我看到了一份内部文件，文件里说，当时中国政府找到上海当地的巧克力厂，说服他们去马耳他建厂的时候，中国厂方的第一个反应是："什么？马耳他？马耳他为什么要我们中国提供的巧克力技术？为什么不引进瑞士的巧克力技术呢？"

确实如此，马耳他离瑞士近，完全可以从那里得到质优价廉的巧克力。

这些工厂的援建，虽然中马双方都觉得有些奇怪，而且运营得都不是很好，但是工厂的建立解决了当时的一个关键问题，马耳他人都非常感激。

所以从历史上来说，我们马耳他和中国一直就保持着这种良好的关系。

我在任的时候，则更全面深入地拓展了这种友好关系，更多地促进经贸往来，主要是一些港口建设的大项目。

以前马耳他的深水港港口较狭窄，不能停靠运集装箱的大船。我在任时，把马耳他东南部的渔港扩建成了集装箱码头，建造了长达一公里的防波堤，这两项大工程都是由中国港湾工程公司承建的。

中国政府还是一如既往地对我们进行援助，防波堤说是马耳他自费的，但是我们都知道，这里面有中国政府的大量补贴，而这些补贴不仅体现在工程项目的建设上，还体现在其他方面。马耳他过去一直以维修业为主，最主要是修理英国海军军舰，兼修飞机。后来由于时代的发展，这种修理业竞争越来越激烈，中国、韩国都加入到这个行业中，市场竞争越来越严峻，马耳他修船业的前景越来越不好，所以政府考虑把这些修船厂转型为造船厂以更大地推动经济发展，可是由于历史、技术等原因，马耳他造船厂很难接到订单。就在这时，中国政府下了两份订单，购买两艘船，使我们的造船厂得以开工，工人们有了收入。后来我才发现在这个订单中中国政府投入了65%的补贴，而如果中国政府把这两艘船放在中国国内的大连或者别的船厂建造，会便宜得多。

直到今天,前面说过的 70 年代建造的干船坞和这个防波堤项目,都在马耳他的经济中占有极其重要的位置。

三

前面说过,1982 年 5 月作为外交官的我回到中国,紧张筹建马耳他驻中国大使馆,6 月,明托夫总理来访。

1982 年 6 月以后,明托夫总理多次来华,主要是跟中方人员磋商防波堤这项工程,他会跟中方工程技术人员反复讨论工程的细节。可能很多人都会觉得奇怪:一个国家的总理只要掌握大方向就好了,怎么会对工程的细节那么感兴趣呢?

因为明托夫本人是牛津大学走出来的工程师和建筑师。他同样出身于马耳他的穷苦家庭,父亲是英国海军官员的仆人,他后来得到了罗德奖学金,去英国的牛津大学读书,学建筑。他在牛津的时候正是第二次世界大战期间,经历了德国对伦敦的大轰炸。战争期间,我们马耳他也遭受了空前的轰炸,那么小的一个国家，几乎全部被夷成废墟。

明托夫取得建筑师学位回国后，被任命为马耳他政府重建部部长，负责马耳他的战后重建。他很有能力，也因为他的牛津大学背景，很快得到了重用，从此步入了马耳他政坛，直至成功当选总理。

在筹建的忙乱过去以后，马耳他驻华使馆雏形初具，我也随之进入另一种忙碌——接待和陪同来访的马耳他本国政府官员。1982年这一段时间尤其忙碌，马耳他方面很多官员来访，总理、总统、部长，同时还有很多项目在洽谈中。

在担任马耳他驻华临时代办的同时，我还兼任驻朝鲜临时代办，还要陪同总理去朝鲜进行访问，因此那段时间我也经常去平壤。

第一次去朝鲜的时候，我们的代表团一共有六七个人，总理加上我们这些随行人员。我们是从北京坐专机到平壤，但由于那些合作工程的一些事情在北京还没谈完，所以总理希望能晚一些时间出发，以便把所有具体条款商谈完毕，并且完成会谈纪要的签署。结果我们因此延迟了四五个小时，就在首都机场继续讨论，研究，签署文件。

朝鲜驻华大使也在首都机场，他来欢送我们。他非常焦急,眼看着四个小时过去了,我们还没有登机,他不停地催促着,我们让他放心,直到到达平壤,才知道朝鲜大使为什么那么着急。

在平壤,不仅朝鲜最高领导人在机场等着欢迎我们,还有所谓自发组织起来的20万平壤各方群众。

平壤机场有很多孩子,还有大人,拿着鲜花,举着小旗子,高呼:"欢迎,欢迎,热烈欢迎!"从机场到平壤市中心,路边都是群众夹道欢迎。车队每走一段路,就要停下来,会有朝鲜群众的表演。这里,是朝鲜的合唱团,用马耳他语在唱歌颂我们工党、歌颂明托夫总理的歌曲;紧接着,车队又停在了一条路上,平壤市市长赠送给明托夫总理一把剑,一把银剑;没多久,我们又路过一栋楼,楼很高,楼上挂着一面十一层楼高——我数了,确实是十一层——的马耳他国旗,还有同样十一层楼高的朝鲜国旗。中间并排摆列的是七层楼高的明托夫总理和金日成主席的画像。

欢迎仪式非常隆重。我们也越来越为耽误了行程感到抱歉,觉得浪费了朝鲜人民的时间和精力。

终于到达国宾馆。我们正在房间里打开行李的时候,突然有人敲我的门。一位朝鲜外交部礼宾司的工作人员对我说:"克俚福先生,请转告总理阁下过十分钟我们要回机场。"我很纳闷，就问他："我们刚从机场到这里十分钟，现在又要去机场，要去哪儿？"然而他的回答是："我不知道。请你去通知你们的总理和部长们，我们要去机场，不用带所有的行李，只要带随身的小件行李即可。"

我是代表团中职位最低的随员，礼宾方面的事也要管。于是我就去敲总理的门，对总理说朝鲜礼宾司要我们回到机场，但没告诉我们要去哪儿。明托夫总理一听就生气了，他把我臭骂一顿，说："白付你工资了，居然说什么都不知道！"我一一地去敲门告知，外交部部长、卫生部部长，每次说着同样的话："我们现在要回机场，但不知道去哪儿。"每次我都挨骂，我又一一解释："没办法的，他们不告诉我们去哪儿，可是一定要去的。"

我们又再次奔赴平壤机场。我们六个人，分乘六辆车，每辆车有一位朝鲜人员陪同。说实话，我们的心里也非常忐忑，上车之前就商量好，分别问陪同我们要去哪儿，下车以后再核对一下。可是等下了车，所有的人都说："I don't know！"就这样稀里糊涂地上了飞机，这是一架苏联产的飞机，飞机内部的装饰很漂亮，有沙发，有床，有卧室。

飞机起飞了。这是我们一生中第一次坐飞机飞向完全不知道的目的地，但我从太阳的位置大致判断出飞机是在往北飞，但我根本不敢跟总理说，我们这是在往北走。

我们坐在沙发上喝汽水、喝茶的时候，机长来了。他穿着朝鲜军人的制服，身上挂满勋章，"啪"地立正给我们敬了一个礼。依旧是我，职位最低的"小官"，在我们总理面前，问这位机长："Captain, where are we going？""I don't know！"我们无奈地笑了，算了，不用再问了，问了也没用！想带我们去哪儿就去哪儿吧，听天由命吧。

最终，飞机降落在一个小机场，我们也不甚清楚，大概是他们空军的一个机场。金日成主席在那里迎接我们。后来朝鲜礼宾司的官员跟我们说，因为不能透露金日成主席的位置，所以没预先告诉我们此行的目的地。欢迎晚宴的时候，我跟他们礼宾司司长喝了很多酒，彼此也拉近了距离，他告诉了我那个地方的名字，回去以后我在地图上查了一下，晚上我高兴地去跟我们的总理汇报："我知道我们在哪儿了！"——那是朝鲜人常说的白头山，金日成主席在那里有一座夏天使用的别墅，特别富丽堂皇。怪不得我在飞机上以为是往北面飞回中国呢!

四

这是我第一次以外交官的身份在北京工作、生活,后来又回来做外交官,但跟 80 年代这次的感觉就完全不一样了。整个中国就我一个马耳他外交官,连同我的两个女儿在内,全中国只有我们这三个马耳他人,连我太太都不是——她是美国人。我可以很自由,很随意地行事。那时候经常有一些马耳他代表团过来,我总要做陪同的工作,很少在家里,所以我的两个孩子没有什么机会接触马耳他人,也没有学习马耳他语,因为在家里我们都说英语,没有马耳他语的环境。

虽然没人监管我,但是我还是干得很用心,很努力。每天都在琢磨要做什么,为两国的关系出什么力。

一个外交官的任期一般是四年,我的这四年中,只有一个司机,一个阿姨,而有一半的时间,连一个中文秘书都没有,我跟马耳他国内申请雇用一位中文秘书,但他们不批准。因此,上到两国的互访,下到秘书这些文书性的工作——打字、写照会,都是我亲力亲为,而且我的工资特别低,马耳他那边一直觉得在中国生活费用很便宜,多给钱也用不到。记得当时给我的工资是每个月两千多人民币。

但是作为一个小使馆,纵然有各种条件限制,我一直自信地认为我管理得相当不错。

尽管我喜欢这份外交官的工作,并且做得不错,但我还是觉得待遇方面有点儿不公平。况且此时我已经是两个孩子的父亲,家庭负担也比以前重了。我开始考虑是不是应该去其他的待遇更好一些的马耳他驻外使馆工作。

马耳他方面当然不肯放我走,因为他们知道不会有其他人愿意来,刚建成的大使馆会因此关门大吉。但是我坚持要换到别的使馆,已经暗下决心,如果不能成功调动,我就从外交部辞职,不要这份公务员的工作了。

僵持了一段时间,到最后马耳他外交部终于同意,因为他们找到了另外一对夫妇,愿意到北京大使馆来。我则被调到了澳大利亚,澳大利亚那里不叫大使馆,因为马耳他和澳大利亚都是英联邦成员国,所以我的职位的官方叫法是"代理高级专员",名称不一样,实际上做的还是代办的工作。

我们全家都非常高兴去堪培拉，在此之前，我差不多有九年的时间一直在北京，现在能带着孩子换一个地方居住、工作，是非常好的选择，而且澳大利亚环境、气候各方面都挺好。

那里也非常适合孩子的教育、成长，堪培拉周围的自然环境很美，有山，有水。工作条件也比较成熟，马耳他很早就在澳大利亚建立了大使馆：悉尼有总领馆，墨尔本也有总领馆，还有几个名誉领事分布在澳大利亚各地。我不用从零开始，也再不是孤军奋战，那里有两个外交官，还有一大堆工作人员。

但是在那里，也遇到了新的挑战，就是得管理那些人，可是我自己也还很年轻。

我是1986年到澳大利亚的，29岁，开始独立领导一个机构。

跟北京的工作性质不同，澳大利亚跟马耳他没有太多的经济来往，却有纷繁复杂的领事业务。

前面说过，"二战"后和70年代英军基地准备撤离的时候，很多马耳他人担心局势变化，纷纷移民到国外，而绝大部分都移民到了澳大利亚，一直到今天，我们马耳他人几乎家家在澳大利亚都能找到亲戚。

当时澳大利亚的马耳他侨民据说有40万，但我觉得这个数字有点夸大，实际上可能有18万，依然是个庞大的移民群体。当时马耳他本国的人口才三十几万。

我的前任是一个老代办，他在那儿待了12年，他的工作方式基本上是"什么都不做"，差不多是无为而治了。我的风格一贯是雷厉风行的，又年轻，所以一到那里就进行了大刀阔斧的改革。

在澳大利亚有好几万的马耳他退休人员，他们居住在澳大利亚，领取马耳他政府支付给他们的退休金。澳大利亚使馆则负责这一部分钱款的发放领取工作。此外，还有社会保险这一类的工作。此前的老代办都是手签，一个一个地亲自去签，因此他每个月都要签两万四千张支票！他也愿意这样做，因为他没有别的事情可干，签支票又不用动脑子。

我到任的第一个月，秘书就给我拿来了一大堆这种支票要我签！我一看，这怎么行！必须马上改革！但是我也知道，如果我按照正常程序向马耳他国内申请，那政府里的官僚主义不一定要拖到猴年马月呢。不管你想改变什么，总会有很多人反对，总会牵扯一些人的既得利益。所以我决定，先斩后奏，不请示，自己做主，改掉这种签支票的老办法。当时这项改革能顺利实行，还有一个有利因素——我们那里山高皇帝远，政府即使想阻止，恐怕也鞭长莫及。

改革的具体措施是：使馆统一签一张支票给银行，通过银行把退休金电汇给个人，两万多退休人员只需提供他们的银行账号就可以了。当然这项改革刚开始颁布也遇到了退休人员的反对：毕竟他们都是老人，通过银行电汇而不是亲自领取现金，还是让他们有些不放心。不过这没关系，我们一一说服解释，问题很快就解决了。

这些改革，把我从繁复的细碎小事中解脱了出来，可以放手去做其他的事情。

在澳大利亚使馆处理移民的领事事务的时间里，给我感受最深的是，一般的移民群体，不管他们移到哪种文化中，总是顽固地保持着他们离开本国时的思想和行为习惯，似乎时间就停止在了他们离开本国的那个时刻。

马耳他国内有两个政党——工党和马耳他国民党，支持他们的选民人数也基本对半分。每次大选的时候，两党的选民会闹得比较僵。而在澳大利亚的马耳他侨民中间，可能由于远离本土，圈子狭窄，两党的支持者会闹得更僵。他们办报纸，支持各自的政党，工党有工党的报纸，国民党有国民党的报纸；他们还有各自党派的俱乐部,互相顾忌,有时候甚至还会动手打架。宗教方面也是,延续着马耳他国内的分歧。有很多会所,教派林立。这些大概跟中国在海外的同乡会有些类似,潮州帮、广东帮,同乡会之间也有很多矛盾。

使馆里也同样有不同政治倾向之间的矛盾。我的前任在使馆里只允许订工党的报纸,因为他是工党党员,跟我一样。但我去了之后,立志改变这种局面,两个党派的报纸都订,双方的声音都了解;我现在代表的不是一个党派,而是马耳他政府,任何人想来,我都欢迎。

对于侨民,我的态度是,我们都是从马耳他来的,但现在都是澳大利亚人,关心马耳他国内的事情当然好,但是不能再弄到这么僵的局面。与其在澳大利亚为马耳他的事情吵来吵去,还不如关心当地的政治,更好地融入当地的文化。

这些观点,当然有人接受,有人不接受。我尽可能地在中间斡旋,充分发挥我处理人际关系的优势,找到平衡点。但是有时也会出错。

有一次,我举办一场国庆招待会,邀请了马耳他瓦莱塔银行在悉尼代表处的代表来参加。本来这次国庆招待会邀请的主要是澳大利亚政府代表和各国的外交使团,除了在堪培拉当地的马耳他人以外,并没有在全澳大利亚范围内邀请马耳他人,我只请了本地的同乡会领导来参加。可是银行的这位代表,在从悉尼到堪培拉的路上给我打电话,说他刚好遇到一个朋友,想带他来参加国庆招待会,问是否可以。我一听是马耳他人,自然说欢迎,多加一个人没关系的。

然而,招待会结束的第二天,我的电话快被打爆了,都是澳大利亚各地同乡会的领导来电质问我为什么没有邀请他们,而只请了那个人!我这才知道,银行代表带来的那个人,是悉尼一个同乡会的头儿,他回去之后,大肆宣扬我们使馆国庆招待会只邀请了他!

除了这些小事,在澳大利亚当地的马耳他人其实非常可爱,他们即使远离故土,但依旧热爱祖国。

我们一家四口,就这样在澳大利亚特别幸福地生活了一年半,两个女儿上了当地的法文学校。我太太是美国人,但是她母亲是法国人,她的母语是法语,所以也让孩子学法语上了法国学校。我们每个星期起码有四个晚上吃野餐,都在外面,天气那么好,给孩子们的游乐设施也特别完备。堪培拉市中心有一个湖,湖边有很多地方可以投币烧烤,投币以后就会供电。

那时候经常是我下班,太太来接我,接孩子,然后一起去烧烤,我们还在那儿买了自己的房子,一家人日子过得很开心。

五

然而1987年,马耳他国内的局势发生了重大变化,我们一家的命运也随之改变了。

马耳他工党在大选中失败下台了,在野时间长达十六年的马耳他国民党上台执政。

那时我还是太天真了,以为自己已经是职业外交官了,是政府的公务员,职业生涯不会受到政府更迭的影响;但我没预料到的是,国民党在野十六年,肯定有很多人排队等着担任政府中的各种好位置。

国民党政府上台不到十天的时间,他们就发电传给我,勒令我和马耳他在澳大利亚的所有外交官,包括悉尼、墨尔本、堪培拉的人员,两个星期之内必须回国。

我真的措手不及,也觉得相当意外,因为我知道我的工作做得很不错。更重要的是,马耳他和澳大利亚分属南北两个半球,季节相反,大学的学期自然不同。当时我太太正在澳大利亚修读硕士学位,正是她的学期中间,小孩儿也一样。所以我请求马耳他政府,希望他们能允许我们把这个学期学完再回国。可是他们坚决不同意。外交部秘书长亲自打电话给我,我就问他:"有什么理由不同意我的申请,仅仅是这两三个月的时间?"我还问他:"为什么要把我们调走,我明明把这里的工作做得很好,你们也看到了,职业评估报告中,都说克俚福是做得很不错的,并且政治态度很中立。我一直秉承的工作原则是为国家服务,而不是给某一个党派服务……"然而,秘书长的回答真的是令我震惊,他在电话里毫不掩饰地说:"我们对你完全不信赖!因为你的爷爷是工党创始人之一!"我辩解道:"那不是我爷爷,是我爸爸的叔叔!而且他1954年去世,我1957年才出生,我跟他没有什么关系,这怎么会成为不信任我的理由!"这时候,他又说:"还有,你是在共产党国家受的教育,我们永远不会信赖你!"

话说到此,我彻底明白了,任何辩解都没有用。于是我决定辞职,从马耳他外交部辞职,因为我知道,即使按外交部秘书长所说,会把我调回马耳他外交部任职，也没有好果子吃，他们会把我安放到一个毫无价值的小位置上。事实上，很多同事的遭遇也证明了我的判断是完全正确的。

马耳他国民党政府将在全世界的支持工党的驻外使馆的外交官都调回了马耳他，然后进行疯狂的换血，由此耽误了很多很有才华的外交官的前途。

我的外交部的很多同事，当时老老实实地奉令回到了马耳他国内，可是回去之后，却遭遇了各种不公。有一个非常有能力的驻意大利代办，回国以后被调到邮局卖邮票；还有我的另外一个同事，被调到农业部实验农场做普通文官，经常下农村调研。包括我的哥哥，他不是政治家，不是外交官，只是一名技术专家，也被调离了他心爱的岗位。

我的哥哥在国外学的飞机航空的指挥，也就是空管，他从未也从不想参与政治，只是兢兢业业地从事他的专业。他是马耳他少有的空管技术专家，本来就要升任主任了，可是有一个跟马耳他国民党有关系的人，对空管技术一窍不通，根本没有资格做这份工作，但还是抢走了我哥哥的职位。更荒唐的是，还"补发"了那个人十六年的工资，意思是十六年前，我哥哥的职位就应该是他的。

我哥哥不仅没有得到他应得的职位，就连平时的工作都开始有人监视。

这一切都对我的家人影响很大，特别是我爸爸，从1987年国民党上台，一直到去世——他死于国民党执政期间，没有看到工党再执政——情绪都不好。他看到他两个儿子受到这么大的影响，糟糕的心情也影响了健康。他脑子里想的就是国民党的不好，做什么都不好，哪怕国民党政府做好事，给他们涨退休金，他还是觉得国民党政府不好！他越来越偏，也越来越不高兴，每次给他打电话，他都喋喋不休地争论我们兄弟俩的问题。可能政治影响到他自己，他可以忍受，最让他受不了的是影响到了自己的两个儿子，两个一直让他引以为豪的儿子。

1987年，我决绝地从马耳他外交部辞职，去了美国。我当时的太太是美国人，她在纽约有家，有亲戚。刚到美国的时候，我找不到工作，就跟北大的美国同学潘路易想一起做点儿小生意。

潘路易是美国黑人，比我晚一两年来北大读书。他是一个很有意思的人，同性恋，可以说，十八般武艺样样精通。在北大也是一个特别活跃的人物，在那时候的北京，公开承认自己是同性恋，是一件不容易的事情。

1987年,他也在纽约,我们两个人合伙注册了一间小公司,想跟中国做一点生意。我们从一些小项目开始做,帮助一些美国当地的公司把产品卖到中国。

正当我们的公司慢慢有了一点儿起色的时候,1989年到来,所有的项目都中断了,我们公司的客户也都取消了同中国的合作项目。

我们的小生意全没了,基本上我也就等同于又失业了。我本也可以去找一些普通的工作,但是我觉得如果去做普通的工作,可能会耽误一个好的工作机会,我不想做那些寻常的工作,我要等。

这段时间我太太出去找了工作,我则在家照看孩子,大概相当于汉语中的"老妈子"吧。

这样的生活大概持续一年,每天做饭,打扫房子,接送孩子上学、放学。

其实马耳他人的观念比较保守,一般不太能接受男人在家看孩子,而女人出去工作。但我的太太非常支持我。她相信我,知道我如果去书店卖书或者做别的寻常工作,当然也可以,朝九晚五,我也会用心地去做那份工作。但是这份工作会占去我所有的时间,我就不会去思考我到底想要什么,想做什么。所以我还是做一个"家庭妇男"更好,让我的脑子能清醒一些。

其实那时候我们的小公司里有一个项目还没有"全死",所以那段期间我还是到中国去了一次。但是北京的气氛已经跟80年代我在时迥然不同了——没有人敢跟外国公司做生意,留在那里的外国朋友也都不太开心,大家都很不高兴,包括中国朋友,但是大家也都知道这段时间会过去的,终究一切都会好起来的。

六

我一直苦苦等待的机会,终于在这个时候降临了。

当时我在广州。美国有一所名不见经传的大学,它的时装设计专业想跟中国国内同类的大学合作,互换学生。我在其间牵线搭桥,陪美国大学的校长到广州找了一个广州市属的大学商谈合作。

中间路过香港,我住在一个意大利好朋友的家里,他是留学上海复旦大学的学生。那个周六有一个意大利人的派对,我也去了。派对上,我跟一个美籍意大利人相谈甚欢，成了朋友，他是律师，在当时世界上最大的律师行香港分行做事。

回美国以后，他经常给我邮寄一些他们律所的刊物，每期我都认真读。突然有一期，我看到这家律所在纽约有一个分所，我突发奇想，干脆到这个律所去打听一下，看看有没有合适我的职位。根据刊物里的介绍，这家律所在纽约有一个合伙人也负责中国区的法律事务，我就直接去找他了。很顺利地见到了这位合伙人，很顺利地跟他介绍了我的各种背景，他也很感兴趣，不过他说真是可惜，他那里没有适合我的工作，但是如果香港那边有人来，他很愿意把我介绍给他们。

大概两个星期以后，那位合伙人真的给我打了电话，说香港一位负责中国区的合伙人来纽约了，要对我进行面试！我跟这位合伙人只聊了大约10分钟，英文的面试，因为他要去机场赶飞机。面试的时候，我跟他自我介绍说，我是北大毕业的，做过外交官等。但可能很多应聘者都跟他说自己会中文，但却不能用于工作，他问我："你真的会讲中文吧？"我说是的，他随手在同事的桌子上拿起一份文件，中文的，让我读。我一看是中文的《中华人民共和国中外合资经营企业法》，我就从头开始读下去，没读几句，他一听我的口音没问题，就说："好，通过了。你什么时候方便开始工作？"

我其实对法律不是一无所知，虽然没上过专门的法学院，但我有自学的文凭。还在北京当外交官的时候，我注册了一门课程，是中国法学会同澳门东亚大学合办的一个中国法律课程，可以去澳门参加面授，也可以函授。我注册的是函授课程，因为当时还有外交官的日常工作。一年半的课程，可以得到一个中国法律文凭。课程很简单，毕竟那时候中国法律体系也并不复杂。

我在香港国际律所的这位老板是美国人，他是哥伦比亚大学的博士，去台湾做研究，博士论文就是研究台湾农村的农民之间解决纠纷的方式。他去当地的一个小村庄做实地调研，研究农民之间有哪些纠纷，比如谁家的驴踩了谁家的菜等。在研究中，他发现台湾农民解决这些纠纷的方式其实是一种仲裁形式，他们会找村主任来调解。他还在日本当过两年和尚，可以说是地地道道的一位东亚通、中国通。

他也是我的伯乐，敢于任用我这样一个没有正规法律背景的新人。面试的时候，我也跟他说了，我的所有关于中国的法律知识都是自学的,我没有正式的律师资格,但是他还是给了我这份工作。

刚到香港的时候,老板让我负责律所所有的出版物,这个工作对我来说看似枯燥,但我喜欢,因为实际上是在积累丰富的法律知识。律所每年出四本刊物,介绍中国法律的最新进展。到律所的头半年,我做的就是这样的工作。

当时的涉外法律条文并不多,特别是适用于商业方面的更少,我记得办公桌上有四个档案夹,就那么多:一部《合资法》、一部《外商独资企业法》、一部《中外合作企业法》,正式的法律条款外,还有不少内部规定,但不能公开。所以我要到处搜集资料,关注所有法律法规的所有变化,不仅是法律方面的刊物,其他材料我也都看,包括地方上的一些规定,看完以后再编辑出版。渐渐地,我成了中国法律法规的"百科全书",大家都知道我了解这些法律,我可以解答他们的很多问题,比如上海有没有有关房地产的规定、办签证有哪些规定、飞机管理方面有哪些规定等,大家都知道来问克俚福。而且老板一开始并没有给我施加为他赚钱的压力,所以我有充足的时间去吸收,去学习,去了解。

六个月以后，老板开始让我学着起草合同。

早在当外交官的时候，我就发现自己喜欢写东西，而且很擅长写。起草一个双边协定，对我来说易如反掌，我觉得这跟在北大中文系读书时陆老师的那门语法分析课的影响是有直接关系的。

于是我就起草了一份中英文合资合同交给了老板。令我吃惊的是，我起草的合同他只字未改！他说："我们这里有很多耶鲁大学法学院毕业的律师，都不会写这些法律文件！"在以后的工作中，我也发现了这一点，书本上的法律知识可能他们学得特别透彻，却不能很好地应用在实际工作中，这也应该是现在法学院的学生们应该注意的一点吧。

老板一看我会起草合同，就开始给我派更多的活儿，渐渐地，其他人也开始来找我帮忙起草合同了。

那时候我们刚刚开始做中国的房地产方面的法律业务，我还参与了深圳麦当劳房地产交易和办证工作——那是中国的第一家麦当劳。

虽然我没有律师资格，但是还是有很多的项目开始找上门来。第二年，我做了一些更大的项目，比如某家香港大公司的合同，当时他们在国内做集装箱码头，包括上海的集装箱码头，原来是国营的，后来跟和记公司合资。我为这个项目起草了合同,从头到尾,包括一些附加文件、土地使用协议等。这个项目很大,当时是5亿人民币。我起早贪黑地做了好几个月,最后在香港签字的时候,我参加了签字仪式,帮客户翻页签署文件。我们律所的执行合伙人也出席了那个签字仪式。他在我耳边悄悄地说:"你知道吗?一般这么大标的合同,我们都会交给从业十几年的律师来做。"

那是1990年,我三十三岁。

七

我在律所里开始有点声誉了,香港大公司的集装箱码头合资合同之后,我又陆续接了很多其他合资项目。我开始在中国跑来跑去,参加洽谈。我喜欢洽谈,喜欢跟人交往,交流,解决问题,这也是我的一个长项。所以律所一般有什么大问题会说:"让克俚福去。"

有一次,我记得也是一个集装箱码头的合同,中方没有自己的律师,所以这家中国公司请了两名法学老教授,但是他们不知道的是,老教授会讲课,但是不会洽谈法律合同。

当时的法律还不是很健全，中国还没有《公司法》，不过我们还是按照国际惯例，把有限责任都写进了合同。但是中国公司不太明白这是什么意思，于是他们就开始讨论商量，回去请示他们的领导，领导也不明白这是什么意思，就请来了两位法学老教授参加洽谈，给大家讲什么是有限责任。然而，两位教授讲的内容理论性特别强，半个小时过去了，大家更加糊涂了。

我开了个玩笑，说："教授，非常感谢你们给我们讲课，但是这些对我们的洽谈毫无用处。"但两位教授还是坚持着，每一条都讲半个小时，而我们的合同还有42页没谈完，照这个速度，到我们的合同谈妥，得耗费一个多星期。中国公司的老板毕竟是生意人，他知道他需要什么，听了我的话以后，他马上请两位老教授回去了。

就是在这样一项一项具体的法律业务中，我见证了整个中国大陆法律的逐步健全。包括土地所有权方面的法律的完善。

当时很多外商投资在中国建厂，厂址一般都选在农村，这就需要把土地从集体所有制改成国有制，才能谈后面的补偿等一系列问题。

我跟当地农民、村主任开过很多这方面的会，我非常同情他们，非常想多为他们争取一些利益。说实话，现在很多人说美国这不好那不好，但是在这个征地补偿的过程中，美国公司更同情这些农民，在补偿方面也更愿意花钱。美国公司也知道如果不解决这些最基础的、最基层的问题，他们的工厂会后患无穷。所以美国公司会尽量地满足当地农民的要求，可能国家规定的补偿标准是两块钱，他们有时会出到十块钱。

作为律师，我的工作就是代表我的客户跟当地的村主任、农民洽谈，以达到双赢。

我曾经历过很好笑的事。有一次我陪一个美国公司的老板去地方政府签署一份补充合同，他要扩大公司的工程，需要更多的地，也就要续签一份新合同。那真的是一个"大"老板，身高两米多，过中国任何一个门，都得弯腰。

他很重视这个合同，亲自来谈判，当场解决问题。他原计划在广东那个小渔村待五到六天，因为一般这类合同都要谈这么长的时间。

我们到了那个小村子，跟我们谈合同的有三个人：村主任、银行的人，还有当地经贸委的人，经贸委的人好像刚喝了酒。

坐定以后，我刚开始要过这个合同，美国公司的意思是要让我详细介绍，他们要增盖哪些厂房，增加哪些新条款，并给他们解释为什么，怎么改。我也按照客户的要求把新版本的合同分发给了在场的三个代表。我一条一条解释，大约过了两个小时，村主任突然说："好了，好了，不用解释了，我签了！"他连合同都没看完，然后他就叫他的秘书去拿他的公章和私章，盖了，签完了。

那个美国老板特别高兴，不过心里也有点儿打鼓，不停地问我："这样行吗？这样真的可以吗？"他无论如何都没想到，我们一下午就解决了所有问题。我原本也以为可以挣五六天的律师费呢。不过无所谓，我后面都是活儿干，关键是我的客户非常高兴看到这个结果。

现在的中国人，这方面的法律意识越来越强了，可能做土地方面的合同，就要比那时候难多了。而且现在中国有自己的房地产开发商，自己开发，自己发展，不像那时候大部分是外资来做。那时候中国也没有那么多的私营公司。

总之，这个过程的变化非常神奇，而我有幸见证了这种变化。

我开始做知识产权方面的业务也是非常偶然的。当时我跟一个新加坡的同事共用一间办公室，他是做知识产权的，我当时主要是做合资项目。

他结婚了，要休假去巴黎度蜜月，就把知识产权的那些案子都暂时交给了我去做。可是我却做上了瘾，等他回来的时候，我就不还给他了。从那时起，一直到现在，我从事的都是知识产权方面的法律业务。

在中国做知识产权比做商法还要难，那时候这方面的法律几乎是空白。那时候连《商标法》的内容都极其简单，知识产权等其他方面是后来几年才开始完善的。其实中国在清朝时就颁布过《商标法》，只是执行方面没有什么建树。1962年，人民代表大会订立了新的《商标法》，可是到1966年"文化大革命"开始以后就全荒废了。现在的这部《商标法》是80年代恢复的，但是并不完善。当时没有《著作权法》也没有《不正当竞争法》，《专利法》也是非常初级的，没有可以参照的细则，所以在知识产权方面，我们可用的法律条文不是很多。

我们律所规模很大，而且随着中国的改革开放不断发展，越来越多的客户开始关注中国，都排着队想到中国搞项目。我们面临的问题也越来越多，涉及的领域也越来越广，越来越感觉到国内的法律跟不上了。中国方面也深刻地意识到了这一点，这一段时间，他们会请我们到一些国家立法机构，提出建议和意见，提供国外的相关法律信息，给予帮助：该怎么立法，该立什么法，我们法律从业者需要什么等。包括企业的名称管理，商业秘密方面，中国政府部门也会向我们及其他国际律所咨询。这是一个相互促进的过程，立法会保证我们的业务；反过来，我们的这些业务也推进了中国法律的完善和健全。我们外国律师在中国是没有从业资格的，只能做一些咨询工作，不能出庭，不能出具法律意见书等。但是为什么中国政府没有把我们所有的外国律师都赶走呢，就是因为有需要。

现在的形势跟以前大大不同了。当时中国实际上没有懂得西方法律体系的律师，80年代律师制度刚刚恢复，没有现在这样的律师资格考试，仅有的一些法律工作者也都是苏联法律体系的学习者。所以那时候跟中国律师的洽谈特别难，因为完全不是同一个对话平台上的交流。

八

《著作权法》颁布后的两个星期，我就接到了第一个著作权侵权的案子，我的客户是一个日本电子游戏公司。我亲自带他们的法律顾问到版权局讨论这个案子。

这项法律刚刚颁布生效两个星期，就遇到了外国公司来起诉侵权的实际案例。他们发现南方的一家公司，生产和他们一模一样的电子游戏机，但是这家公司把游戏软件预先装在了芯片上。

我们跟版权局的官员讨论了半天，这到底是不是侵权，我们先要界定南方这家公司的产品，到底算是影视作品，还是电脑软件，因为不同的产品，适用于不同的法律条款。

我要先跟版权局的人商量，再给他们看现有法律，讨论按照国际惯例会怎么看待。而且麻烦的是，版权局的人跟我解释说，法律上是会给予这些侵权者行政处罚，但是从来没有实际执行过。毕竟刚刚立法，法律刚刚给了版权局这个权力，但他们还从来没行使过。

这是我们第一次请版权局共同执法，一起去广东那家侵权公司去查处。当年的广东是盗版很猖獗的地方。

微软当时也是我们的大客户，法律颁布后，微软公司也非常想通过法律打击盗版。

查处盗版的过程中，也必须了解中国的国情。版权局是一个新建立的单位，有权力，但是没有人力资源，我们就想办法动用工商人员去查处。我们跑了很多部门，请他们合作，搞工商和版权的联合行动：两个政府部门同意出一份文件，两个公章，一个版权局的，一个工商局的，同意协同打击盗版。

我们第一次合作，一天在三个城市就端了五十几个盗版的窝点。

当时，我们很少动用法院系统，因为当时中国法官的组成要么是从苏联留学回来的，要么是退役警察或者军人。如果拜托他们去抓小偷，判刑，他们会做得特别好，但是给他们讲知识产权法，他们不太懂，也不那么愿意听。

我的理念是：打假，必须亲临现场。不管是我自己去，或者派人去，一定要有被侵权方的代表在场才行。这一战略实行以后，我们的打假成果和工作效率都大大提高。我们作为被侵权方代表陪当地的商标代理人到工商局，说服他们去查处。查处的时候工商局也不一定很积极，他们一般会进仓库看一眼，没东西！好吧，可以走了。但是其实仓库后边可能还有车库，你不能看一眼就走了，这纯粹是走形式，然后回来跟客户说，我们查处了，就找到了五件盗版的东西。

我做这个业务的时候，会同中国律师、中国商标代理一起去，我们会严格监督，保障查处质量，保障全面查处。

查处的过程中，还会遇到地方保护的问题，当地的官员不一定会特别积极地协助查处。

有一次我去查一个玩具工厂，就是把电影里的形象做成玩具然后同步发售。我们先到当地工商局，他们一开始说，不可能是他们这儿做的！但是我跟他们说我们已经调查过了，查到是哪家工厂，说服工商局跟我们联合查处。到了工厂以后，工商局问厂长，这东西是你们做的吗？厂长当然不承认。局长就跟我说："你看，他说了，不是这儿做的，我早跟你说过嘛。"然后他们开始聊天。我没听那一套，自己走到工厂车间里，那是一家做模具的工厂，有很多铁模具在那儿堆放着，很多工人正在做玩具的模具。我拿着那个小玩具，装作很随意地问车间里的一个工人："请问，这玩具的模具在哪儿？"他指着一个架子说："就在那儿！"然后我就出去了，我没说是哪个工人指给我的，只说这个模具我找到了，塑料的模具，模具很沉，要四五个人才能抬动。

如果这次查处我不亲自深入调查，不突破地方保护的那些官员，可能在工厂门口就铩羽而归了。

我自己会去很多地方，哪怕那些地方很偏僻，很辛苦。包括工商局的工作人员，如果见到我这样一个会讲中文的老外，他们都会照顾一点，也会注意一点，当然我也会陪他们喝酒，入乡随俗嘛。

喝酒最厉害的是地方的那些官员，喝白酒，而且一定要喝醉。我一般不愿意在查处之前喝酒，工作完成了，我们可以好好庆祝，完全中国式的称兄道弟的喝酒。

我在我的律所业务方式中，引进了这些可以说是本土化的改变，但我们有一个严格的底线，就是不能做腐败的事情，也不能跟腐败同流合污。我们律所规定，不能给对方红包，或者物质上的东西。这是职业道德的要求。我们的客户大部分是美国跨国公司，美国公司一般在这方面管理非常严格，如果被发现行贿受贿，在美国国内会被处罚得非常厉害，最高会罚好几亿美金。请吃饭可以，但不能有财物上的往来，这一点绝对不允许。

我们做的很多有意思的工作,在当时可以说是先驱性的。比如,中国第一部《反不正当竞争法》颁布以后,很快我们就接到了一个在上海的知名商品特有的包装案子,是给西班牙的一家糖果公司代理的。

还有《商标法》的案子。90年代初的时候,国外的品牌纷纷进驻中国,但随之也遇到了很多问题,尤其是商标被抢注。当时很多知名品牌的商标被抢先注册,也就是被别人占有了,只是抢先注册,而不是抢先使用。抢注商标的目的五花八门。有的完全就是为了造假,一些生产商抢注的目的往往如此;有的抢注一个名牌商标,专门等那个商标原所有者来出钱买;有的注册在先完全是偶然的,并不是恶意的,他可能不知道有这个商标,只是恰巧注册了近似的商标。一般来说,最后一种情况是最好处理的,注册人没有任何目的,也比较容易从他们手里把商标买回来。

按照当时的法律,商标被抢注之后,其实通过法律程序把它打击下去是很难的,所以我们会经常设法把商标"买回来",现在街上看到的很多名牌,法国的、意大利的奢侈品品牌,有好几个就是我"买回来"的。价钱也不等,从五千美金到几百万美金的都有。

那个年代《商标法》很不完善,如果商标被抢注了，很不容易处理。如果还没有注册，我们可以提出异议；异议不成功可以上诉到商标评审委员会，也是国家工商总局下面的一个机构，可是到了这个委员会，就是终局决定了，不能再去法院了。

但现在不同了，法律完善多了，如果不服这个评审委员会的决定，我们可以告它，到法院提起行政诉讼。现在法院还是比较管用的，因为懂行的人多了。这一切都开始跟国际接轨了，法律也开始接轨了。

然而令我感到奇怪的是，法律越来越健全了，抢注商标的案例却越来越多了，而且花样百出。

现在信息发达，有些人专门找还没有名气的小商标，不管是产品还是服务。比如说有的人一看杂志或者网络上，美国纽约出现了一个新的咖啡馆，觉得这个咖啡馆也许将来会发展壮大，也许会发展到其他国家，会有特许经营，他就马上抢注。

我遇到过一家上海的公司，注册了四十几个没有名气的商标。如果注册的是一个驰名商标，这个官司好打，因为法律是保护驰名商标的。但是如果注册的商标还没有国际声誉，它就在那儿等着。等到这些公司想到中国来做生意的时候，才发现相关商标已被抢注，无法进入中国市场。这时，就可以开始动用法律程序，打官司了。但是过程得要三四年：到评委会申请宣布无效一年，到知识产权法院又一年，再到北京高法一年，到最后有可能到最高法院又一年。

我们也会做这样的诉讼，即使时间再长。因为有些实在是太嚣张了，狮子大开口，要几亿，那我们就不得不走法律程序。可是有些公司他有项目马上要发展，要开工，所以有时候即使再不情愿——商标持有者心里肯定不舒服，这个东西明明已经是自己的了，却还要从别人手里买回来——但出于现实的考虑，就觉得与其费时费力打官司把钱花到律师身上，还不如直接用这些钱把商标买回来，尽快解决问题。

我总是劝我的客户，不要花冤枉的律师费。我当然知道，时间越长律师费越多，但我会为我的客户考虑。客户来了，介绍案子情况，我听后，如果觉得这个案子不可能赢，我马上就会告诉客户真实情况，有时候也会建议他申请注册别的商标。但有的律师不一样，中国的，外国的，哪国都有这样的律师，他把案子弄得越来越复杂，就是为了赚律师费。我就遇到过这样一个律师，手头有 35 个这种不可能赢的案子，他都是从商标局一直走到高法，最后当然都输了，但是律师费他照拿不误。

我的一贯原则是，做律师的，不要把案情复杂化，要尽量简单化，为客户着想，找最简单、最方便的方法去解决问题，不要满脑子想的就是律师费，要去考虑怎么解决这个问题。要有长远的眼光，这次跟客户说，我不要你的钱，下次，别的案子他还会想起我，来找我。

我们律所在世界上有很多分所，业务范围也特别广，很多在中国有业务的德国、澳大利亚的公司都会到香港来找我们，我们的律所也渐渐声名远播，这里面有我和很多同事的努力。

九

可能因为在得到香港的这份工作之前，我在美国处于失业状态，所以我对律师这份工作非常珍惜，并且无比的热爱，简直到了工作狂的地步。

那个年代，所有跟中国有关的事情都欣欣向荣，中国很多法律开始起步并慢慢发展。对于我们这些法律工作者来说，就像是突然多了很多新的工具，或者说像一个小孩子，突然有了那么多新的玩具可以玩了。

过去法律不健全的时候,虽然也可以想办法解决一些问题,比如用合同来约束合作双方,但是有很多不确定性,经常是"再说吧,看上头的决定再定吧",或者是,"等这个合同被否了,我们再做新的吧"。但是有了细化的法律条文就更好了,法律的问题完全可以用法律的手段来解决了。

刚到这家大律所的时候,我发现律师中虽然有人很了解中国,也懂汉语,但是他们太依赖中国方面的律师去处理案子了,比如他们接了一个案子,就马上交给中国的商标代理来做,然后他们就高枕无忧,再也不关心案子的进展。当时也没有很多商标代理机构,全中国就那么两三个,不像现在,全国有好几千商标代理机构。

我非常不喜欢这样的工作方式,从心里想改变它。我自己的案子一定要自己参与,自己做。让别人去调查或者办案子,等于又过了一手,不是最直接的了解,根本不可能知道他们的报告的可靠性。只有亲自办案,才能给客户保证质量。

所以我到香港律所后,带动律所最大的改变就是工作理念的改变。虽然作为外国律师,我们没有资格在中国办案、出庭、辩护,但是我们可以和中国律师一样，深入了解中国法律，学习中国法律，知识一定要掌握，资料一定要全面。我会组织我们所年轻的律师去专门学习中国法律，还亲手一点一滴地积累建立起了中国法律条款的数据库。

过去办案，想找相关的法律法规，无异于大海捞针，要想了解这些法规，基本上都是靠剪报。我们专门有人从图书馆订购中国各地的报纸杂志，还有地方资料，什么时候颁布了什么规定，规定的内容是什么，这些都通过剪报的方式建立起资料库。发现一条，复印，存档，资料库里就又多了一条。

资料库里案例很少，主要是各地的法律法规，包括地方的法规。当时的律师们出差，无论走到哪里，只要看到有什么新的规定，都得抄，复印，然后带回来，这是规定，更是大家的习惯，这些都是宝贵的一手资料，是我们自己亲手收集的一手资料。

我们就这样集腋成裘、积少成多地建立了自己的数据库，我觉得这个法律数据库，当时在香港，即使在全中国，都有可能是最大的，最全面的，北大也没有自己的法律的数据库。

除此以外，我们在知识产权法方面的律师队伍也日益壮大，我们雇用了很多人，包括中国律师在内。

我是1990年加入这家律所的,大概在1991年到1992年年间,开始从事知识产权业务。一开始只有我们两个律师在做,我和那个新加坡人。而当我离开这家律所的时候,从事知识产权业务的律师已经多达88人,变化是显而易见的。

我们的业务范围也逐渐扩大,无所不包:商标、专利、著作权、商业秘密、药品行政保护、域名等各种各样的案子,客户大多来自欧洲,也有美国、日本的。

这段时间我做得相当不错,主要是因为我的大老板,就是最初面试雇用我的那个人,他很开明,而且非常愿意放手让手下的律师去大胆做事。我要雇用一些助理或者是其他员工,只要跟他打个招呼就行,他只会问我:"你真的需要吗?你肯定,雇用的这个人能赚钱吗?肯定?好,那你就去办。"不需要任何行政上的手续。

美国的律所跟英国的律所不一样,英国的律所比较传统,律师们更愿意坐在办公室里,等待客户上门来找他。美国的律所却不然,律所会花很多钱去挖掘客户,律师们每年都要在美国、日本,以及欧洲各地跑,演讲,组织一些活动,拜访一些客户,现有的客户也好,新的潜在的客户也好,都要积极地拜访。

我这样忙碌但很开心地做到了1995年，虽然我还是没有律师资格，但是律所破格把我提拔成了地方合伙人，当然工资也高了，也可以参与管理。然后接着做到1999年，我想在职位上更上一层楼，当律所的国际合伙人。国际合伙人待遇就更好了，它可以享受全世界律所的利润。当年，我从地方合伙人的位置上被提名参加国际合伙人的竞选，并且当选，却附有条件。律所有规定，没有律师从业资格是不能做国际合伙人的。一般国际合伙人的选举是在11月，职位将在第二年的6月底生效。其实早在1997年的时候，我的大老板就跟我说，如果想做到国际合伙人，一定要考律师从业资格，不管哪个国家的资格都行。我喜欢自学，很早就开始学习美国加州的法律，加州是美国仅有的两个允许自学参加考试，并授予资格的地方。其实中国的律师从业资格也是可以通过自学参加考试获得的。但是我很快发现了一个问题，就是加州的这个自学考试耗费的时间比较长，起码需要四年。太长了，四年我可等不了。

我不服输的劲头儿又来了。我自己想办法到处找国家，看看能否去参加自学考试，并最终获得律师资格。我的大老板非常开明，他跟我说不管哪儿的文凭，只要你找一个普通法系的就可以了。

于是我自己去找，去研究，找了很多国家，包括亚洲、非洲的一些英联邦国家我都找了，最终找到南太平洋大学。这个大学很有意思，它是太平洋上的十几个岛国联合兴办的一所大学。因为他们的学生都分散居住在太平洋中的各个小岛上，所以这所大学创办以来的几十年中都是用广播授课的，创办这所大学的初衷是为了推广高等教育。南太平洋大学规模特别大。我看到大学的介绍中有函授的法律课程，学制两年。英国也有这种学制，非法律专业的毕业生，再进修两年法律课程之后，就可以考资格证了。而且这所大学对于考生也没有任何限制，我本来很想考中国的律师资格，可是中国不允许外国人报考，我只好作罢了。现在的《律师法》允许我们外国人就中国法律环境提供咨询，对我们外国律师来说，法律环境越来越宽松了，当然具体的案子还得跟中国律师合作，这种合作也有法律根据了。

最后我决定念南太平洋大学的汤加分校。这所大学特别棒，环境特别美，坐落在一个小岛上，小岛被绿油油的棕榈树覆盖着。在大学注册之后，我便开始了学习。我这个人对学习一向是非常认真的，不想混日子，学完一门考一门，每隔一段时间都要到南太平洋大学去参加考试。经过了十门考试，我拿到了汤加最高法院的律师资格证书。

1999年，我顺理成章地成了律所的国际合伙人。

我在合伙人中大概属于一个异类，我的法律背景实在是与众不同。我那时候的太太经常问我："你们律所的律师，包括对方的那些律师，不是哈佛大学的，就是耶鲁的，各种牛气的法律顾问，你跟他们谈业务时，不觉得心虚害怕吗？"我说："不啊，一点儿都不觉得害怕，因为我知道自己的能力！"我这一辈子一直喜欢挑战。

我非常自豪，通过自己不懈的努力，实现了自己的目标，做了国际合伙人，也能给自己的太太和孩子带来更好的生活，我可以放心了。

十

2010年4月马耳他工党的年轻领袖作为反对党领袖应中共中央国际联络部的邀请来到北京访问。我在那时候认识了他。2012年夏天，回马耳他度假的时候,我顺道去工党总部拜访了他。当时马上就要开始为2013年的马耳他大选做准备了,他问我:"如果我们工党赢了,你愿意为我们在北京工作吗?"我的回答是:"我可以考虑,虽然在工资上我要牺牲很多。"我一直是个爱国主义者,即使牺牲再多,我也愿意为国家服务。

2013年,马耳他工党果然赢得了大选,再次上台执政。几个月后,他们联系到了我,问我是否还愿意为工党政府工作。我说,没问题,现在就可以。

于是,我再一次以外交官的身份回到了北京,这次是做正式的马耳他驻中国大使。

再次回到北京,回到曾经工作过的使馆,感觉有些奇特。当时我已经结束了第一段婚姻,跟我现在的太太结婚了。大使馆也已经搬家,从建外公寓搬到了三里屯,二十多年前我刚到北京时千辛万苦买的家具,有些还在,大部分已经不见了。

我觉得这是给我的一个绝佳机会。马耳他国民党执政的二十几年间,在中马两国的往来上其实一直没有做什么实质性的事情,只是签署了几个基本协定,但是也并没有具体实施。所以我这次来真的希望能在两国的关系中有所建树,促进两国的友好合作。

我的工作重心主要是经济方面，21世纪的外交已经主要成为经济外交。马耳他离中国很远，我们没有领土纷争，没有大的政治分歧，经济方面的合作是大有可为的。所以我的工作80%以上的内容都跟经济有关。我千方百计地寻找机会，去拜访一些企业家，邀请他们到马耳他来实地考察，我也同样联络一些大公司到马耳他来投资合作。做了不少实事。

我还把此前搁置了很久的事情翻出来，重新加以推行。比如说我翻出了一份2002年两国签署的协议，这是一个有关两国科技合作的双边协议，自2002年签署以后就被束之高阁，并没有付诸执行。这在外交中也是很正常的现象，两个国家签了，大家照相了，但是如果没人积极认真地去推动，也就很快被遗忘了。

我是在一个邮件往来中想起这个双边协议的，当时很多人在那封邮件中讨论，有一个人就说我们是不是可以跟中国发展一下在科技方面的合作，我就马上参与到这个讨论中。

然后就让大家知道2002年已经签好的这份协议，协议的内容已经很好很完备了，只等着我们去启动。我马上联络了中国的科技部，于是第一个中马科技方面的合作项目诞生了。有时候命运兜兜转转总能回到一个人的出发地——这个合作项目是什么呢？海产。

从此，我一发不可收拾，陆续促成了两国很多方面的合作。科技方面，在原有的科技项目合作基础上，筹划搞了一个合作研究中心。1997年签订的航空协议，我在原有的基础版本上加入了更现代化的条款，扩大了合作，跟香港航空局也签订了全新的航空协议。我任职期间，两国政府还签订体育方面、知识产权领域、电影合拍方面的合作协定。我甚至还筹划了更大的框架，就是中马合作五年计划，明确未来五年当中要做什么项目。在我离任之后，不知道这些计划都执行得怎么样了。我是一个闲不住的人，在使馆的时候总是想要做点儿什么。

我这次回北京当大使，不是外交部委派的公务员身份，而是由总理直接任命委派的，这种叫"政治委任"。不同于外交部的文官，政治委任，顾名思义，就是如果工党不再执政，我得自动辞职。如果另一党派的新任总理还希望我担任大使，那可以再商量，但在此之前，我得先自动离职。

政治委任有一个好处，因为我不是外交部所属官员，有些官僚做法我可以假装不知道，因为很多事情如果走正常渠道，按照他们的规定去申报，恐怕要从外交部到另一部又回到外交部，这个皮球会被踢来踢去，没有人真正拍板做决定，这太浪费时间了。所以当我想推行一件事时，我就直接给领导打电话，直截了当地问："有这么一个事情可做，你感兴趣还是不感兴趣，感兴趣，我们立刻实行。"这样真的做了，实际上也没有人再说三道四了。

我会流利地使用汉语，这在北京，也为我的外交生涯提供了极其有利的条件。欧盟的二十八个使团，都会派驻大使到中国。只有几个国家的首都聚集了二十八个欧盟国家的所有大使，纽约、伦敦、华盛顿。北京，当然也聚集了全部的大使。我们欧盟使团开会的时候，只有我和瑞典大使会讲中文，瑞典大使也是我们北大同时期的同学，他是 1980 年以后来的，在北大待了一年，就去山东进修了。只有我们两个讲中文，其他的都不会，我觉得他们都有一点嫉妒我们。他们都是要带翻译的，很多东西要通过翻译才能了解，总归是隔了一层，这跟我们直接用汉语交流是完全不一样的感觉。

当然也有很多中国官员会讲英语。在外交场合使用何种语言，在中国也是逐渐变化的。过去虽然知道彼此都会讲英语，但是中国外交部的官员不讲英语，必须通过翻译。而下边的普通工作人员开会的时候，一般是说英文的。现在有一点变化，我们去外交部开会的时候，如果中国的部长、副部长都会讲英语，我们就直接用英语交谈，不再需要通过翻译了。这种变化体现了现代化的外交观念。

中国外交部的工作人员职业素养非常好，非常专业，一直如此。

80年代的时候，外交部没有官僚主义风气，那时候，我一个小国代办想去求见一个副部长，是非常容易的。现在有些许变化，更多的是体现了大国外交政策，有外交关系的国家越来越多，现在见一个司长可能都要预约很久，这个我能理解。

我可能真的适合做这样的外交工作，跟人打交道，洽谈，合作，所以这次回北京还是很开心。

不过因为孩子的健康问题，我这次的任期没有太长，只有两年多一点儿，我就又离开了这个职位。

我再婚之后，又有了两个孩子，而且都很小，大的才四岁。而那时北京的空气污染开始越来越严重，由于雾霾的影响，北京的气候又干燥，我的孩子得了哮喘，那时候经常带他们去医院做雾化治疗。

十一

一个外交官的噩梦,就是来访的本国高级官员在他的大使馆出事。一般人都会希望平安顺利地度过离职前的最后一段时光,而我在北京任期的最后一个星期,就经历了这样一场噩梦。

马耳他的外交部部长将来北京进行正式访问,这次来访,我也将安排他签署一个双边协议,是我感兴趣的电影合拍协议。马耳他风光旖旎,世界各地的制片厂特别是好莱坞,经常去那里拍电影,所以我也希望中国的导演能去那里拍摄,就洽谈了这样一个中马电影合拍协议。

外长来访,会见了中国国家副主席、国务院总理、中国的外交部部长,电影合拍协议也顺利地在广电部签署。我已经开始觉得这是我外交职业生涯的一个完美的结局。我本来是可以早一点离任的,但是因为外长的访华,我推迟了离任时间,在北京多待了三个月,打算等访问结束再走。

然而天有不测风云。一天,我们一行人中午回到酒店吃饭休息,因为下午两点半还有会谈。外交部部长，一个七十一岁的老人，竟然在北京下榻的酒店，心脏病发作了！

不幸中的万幸，我们的外交部部长本身就是医生，他了解自身的情况，马上知道这是一个很严重的发作，他甚至跟我说出了是心脏的哪根血管出了问题。

我真是着急，外交部部长还是很镇定，他对我说："克俚福，不要把我送到最好的医院，一定要送我到最近的医院！"一般像他这种级别的外交官，又是这么严重的病，我们都会考虑送到好一点的医院，协和，或者私立的和睦家等，但是那些医院都离我们的住处太远了。我们住在二环，于是我决定送他去附近的朝阳医院。

我们也叫了救护车，但是一是急救中心太远，二是北京的路况经常发生堵车，有时甚至一个拐弯都要耗去 20 分钟，所以救护车这条路也行不通。

后来我跟负责安全保卫的中央警卫局八局的人商量："实在没有办法了，我们只能坐外交车辆到医院去，但是麻烦你们给开道带路。"我很喜欢八局的那些小伙子，他们的生活特别精彩，工作也做得尽善尽美。

于是，八局的人在前边用警笛开道，我们紧随其后，一路往朝阳医院飞奔。其实从我们的酒店到朝阳医院很近，但也还是用了一段时间。我陪护着外交部部长坐在后面，心情越来越紧张。

总算到了朝阳医院。朝阳医院是一家很不错的医院，但也是一家公立医院，人特别多。他们把我们直接带到急诊，急诊那里更是人挤人，什么样的情况都集中在那里，有一点乱。我们外长一看就慌了，抓住我问："克俚福，你把我带到什么地方了？"我一看这样不行，就去找了医生，说明了情况，他们很通情达理，就给我们的外长安排了一个单间。

然后房间里一下子来了二十多个人，都穿着白大褂，有医生，有护士，还有很多我不知道是干什么的，好像是医院的行政官员也来了。可是这么小的空间，还有一个因为心脏病发作马上就要动手术的病人，我就喊了一声："请问，你们这儿到底谁是主治医生？"一个女医生站了出来。我又说："麻烦医生和护士留在这里准备手术，其他的人，以后再来看吧。"

我们外长这才放心了。他很安心地跟医生聊了起来，得知她是从美国留学回来的。中国的医生做外科手术都很有经验，他们每天要给很多病人做手术，夸张地说，也许闭着眼睛都能做好。

那位医生真的挺好，手术室也很干净，没有任何问题,他们给外长做了心脏支架手术。手术结束后,我们又给他找了一个单间,说实在的,公家的医院不容易找单间。我们曾想搬到和睦家医院去,但是医生说最好不要搬,还是在这儿静养。朝阳医院的条件非常有限,手术后我们得安排从酒店给他做汤带去。外长也非常想出院,但是医生不同意。

我本来想得很轻松,外长走了,我也能愉快地离任了,可是没想到,最后几天却是前所未有的紧张。

我一直在医院陪护他,半夜也陪着,我们一直聊天,也是很难得的经历。

住院的第三天,我跟他说我得先回使馆一趟,因为有很多事要处理。回到办公室的时候,我的秘书过来说:"卡塔尔大使馆的临时代办想见你,他听说外长病了。"我正想说:"我忙着呢,不想见任何人。"可是秘书说他已经在来的路上了,那好吧,也没别的办法,就见几分钟吧,也许只是简单的慰问。

没想到,这位卡塔尔的代办说,卡塔尔埃米尔国王听说我们外长在这里病倒了,想派自己的私人飞机把他送回马耳他去。他的私人飞机上医疗设备齐全,可以说是一个小型医院。我连忙表示感谢,但要先请示一下外长是否同意。

外长表示同意。我本来正在跟这里的航空公司联络，希望他们能派遣一架专门的医疗运输飞机把外长送回国，但是费用特别高，要好几百万元。卡塔尔的代办说他们免费帮助我们，真是令我喜出望外。

卡塔尔派了一架空客A320的大型飞机，机舱内各种医疗设施齐备，连手术室都有，还派了三名顶尖的医生，一个美国人，一个南非人，还有一个卡塔尔人，是在美国留学的。他们跟中国医生合作检查之后，完成了病人的交接，把我们的外长顺利送回了马耳他。我的噩梦也就此结束了。

我在北京当大使的时候，同时也兼任菲律宾和蒙古共三个国家的大使工作。我在菲律宾首都马尼拉也建立了一个马耳他签证中心，因为有很多菲律宾人会申请到马耳他工作。从北京离任后我还兼做马耳他驻泰国、新加坡和马来西亚大使，是非常驻大使，属于"义务劳动"，政府每年给一点儿置装费的补贴。政府有需要的时候，我非常乐意去做这些外交方面的"义务劳动"，比如说有一年夏天，我们总理去蒙古访问，我就飞过去陪同；如果将来去泰国等国，我也会飞过去处理相关事宜。

十二

在我的外交官生涯中，因为我的北大毕业生的身份，着实给我的工作和交往带来了很多好处。

离开北大以后，在工作中，我发现，每次遇到校友就特别好说话。比如说我对某一家公司感兴趣，想吸引他们去马耳他投资，本来谈判说服挺艰难的，可是聊着聊着，一发现是北大毕业的，立刻就很好说话了。

最令我难忘的是拜会习近平主席和李克强总理。

新大使到任之后，都要向中国国家主席递交国书。我们当时大概有15个大使，同一天下午去向习近平主席递交国书。晚上中央电视台会播这条新闻，一个一个地介绍：马耳他新任大使、芬兰新任大使等。新闻播出后，紧接着是我们欧盟大使开会——每个星期欧盟28位大使都要开例会——那天开会的时间是正式递交国书的第二天。开会的时候，同一天递交国书的卢森堡大使过来问我："你怎么回事？"我说："怎么了？"他说："我在电视上看了我们15位大使递交国书的新闻，习近平主席接受我们的国书时都是严肃的，怎么只跟你笑了？"我回答道："因为我跟习主席说的是中文，还跟他聊到他以前去过马耳他，习主席就笑了，还说他喜欢马耳他的哪里哪里……"卢森堡大使气呼呼地说："他跟你那么友好！"我觉得他是嫉妒我可以用中文跟习主席毫无障碍地交流。

再有，就是跟李克强总理的会面。

2013年，我刚刚回北京担任驻华大使的时候，中国外交部组织新任的大使跟国务院总理见面。我也去了，接见的场合非常正式，人民大会堂，有很多新闻记者在那里长枪短炮地等着拍照，总理给我们每位大使的会见时间也不是很长。

轮到我的时候，我走进去跟总理握手。当然我要说中文，不用说别的。李克强总理说："来，我们准备照相。"拍照的时候，他跟我说："你的中文很好，哪儿学的啊？"我就说："我跟您一样，是北大的，我们是校友。"总理立刻问："你是哪几年在北大？""我回答："跟您同一年进的北大，1978年到1982年在北大读的本科。"他一听我是78级的，就纠正我说："那我们不仅是校友，我们还是同学。"我们一边聊，一边照相，一直在笑，他又让摄影记者给我们再照几张严肃一点的。

曾经有人问过我，外交官和律师这两种工作，我更喜欢哪一个，或者觉得哪一个的成就感更强？

毫无疑问，当然是外交官工作。能够帮助自己的国家做事，能为自己的祖国服务，那种成就感是其他工作所不能比拟的。我现在做的律师工作，实质上也是在帮助别人，主要是跨国公司，但是为国家做事，还是更有成就感一些。

下个月我要回马耳他，去接受总统授予我的一枚勋章——国家功绩勋章。在我们国家，这样的勋章每年最多颁发给十个人，这对我来说是至高无上的荣誉，是对我多年来工作的一种认可，是对我为国家服务的最高奖励。只可惜我妈妈不在了，如果她还在的话，一定会特别高兴，也会为我感到骄傲。说实话，对于这个奖励，我个人无所谓，给国家服务是应该的，但是我愿意为我的家庭争得荣耀。

做律师要动的脑筋更多，是一种非常富有挑战性的工作。我总是希望能接到一些比较难的案子，在艰难的过程中挑战自己的极限。我现在的主要任务除了做业务以外，更多的是培养一些年轻律师，律所挑选了几个很有前途的年轻人，想把他们培养成未来的合伙人。我现在主要的任务就是培训他们，跟律所签了一个为期三年的合同，在这一段时间里，要跟年轻律师经常合作，我也用各种办法来训练和考验他们。

为什么我会对知识产权的案例那么兴趣盎然呢？因为在办理知识产权案件的过程中，律师要接触很多方面的东西。今天我做的是有关香皂的一个案子，明天就有可能是轿车，第三天可能是电脑软件，永远不会预见到下一个案件是关于哪方面的。未来都是不能预见的，所以说这种案件总是可以接触很多新的东西，掌握新的知识。可能因为做这方面的工作做久了，生活当中总是接触各式各样的新东西，所以我喜欢用创造性的方式解决问题。我不喜欢那种程式化的，像复印机统一复印出来的一样的答案。我希望每一个问题，不管有多小，都要动脑筋，都要去思考，不能自动地批量答复，否则，生活、事业都会变得没有任何挑战性，陷入无聊。

比如说我们要把一个商标注册到某本教材上，我会跟客户讲解怎么注册，注册什么，除此之外，我还会给客户更深层的建议，建议他们考虑是否把教育服务也连带注册上，因为这有利于将来的可持续发展。

我提供的服务，不是那种机械性的，一手交钱一手交货的简单服务。怎么使用这本教材，申请的时候用什么颜色，什么样的字体，这些都要细致深入地说出来，这样才能真正地保护客户的利益。而且有时候客户多花一点点钱就可以加大保护力度，不一定花很多钱，就花那么一点值得花的钱，这样，以后就不会有人去抢注这个教材的商标了。

从这个意义上说，在培训年轻人的时候，我着重是教他们这些东西，怎么对待新事物，怎么对待客户，这个工作其实对于我也是很有挑战性的。现在在律所，我不再当合伙人了，我也不愿意当合伙人，就当一个高级顾问，所以我也不用参与他们的那么多会议，那些会议有些很烦，有很多行政上的、管理上的事务。我现在只做业务，这样能更舒服一点，不需要经常到外边去拉客户，客户都是现成的，而且多数都是我过去的老客户。我现在也不太喜欢经常跑来跑去，跑到美国、欧洲太远了，过去时差不影响我，现在越来越影响了。

年轻的时候，真的没有时差反应，我到了美国，一般就是第一天坚持到该睡觉的时候，第二天基本上就恢复正常了；可是现在不行，我最近去了一趟美国，芝加哥、纽约，倒时差的痛苦真是让我受不了。在美国待了十天，刚回到香港又得调时差。

这次离开北京以后，我们一家先回了香港。我又重新捡起了我的法律工作，我从一个比较小的律师事务所干起，是以前一起工作过的一个合伙人创建的一个小律所，我就先到他那儿干了一年。然后原来的那家大律所又找到了我，这次是他们主动找我的，给了我一个很好的工作机会，所以我2016年9月又回到了老东家。活儿挺多，也很忙，但是感觉像回家一样，很多以前我在律所时招聘雇用的律师，那时候还只是秘书，现在通过学习都已经升职了。看着他们的成长，我也感到很欣慰。

不畏浮云遮望眼

"汉字是我十几岁以后学的,它们是象形的,可能是存储在大脑别的区域,所以汉字得以保留了下来。"

"我必须得另寻出路,寻找其他的方向了。就像开车一样,此路不通了,我改变方向。"

——克俚福

一

在香港律所工作期间，因为特别忙，说实话，也或多或少地影响到了我的家庭生活。平时每天晚上都是比较晚回家，回家的时候孩子们都已经睡了，但是那时候我觉得这一切都值得，工作既是我养家的工具，也是我精神上的需要。不管怎么样，我依旧不知疲倦地工作着，却不知道其实已经过头了。

升到国际合伙人两年多之后，也就是2001年，命运再一次跟我开了个巨大的玩笑，把我从幸福的巅峰打入了深谷。

那是一个周六，我中风了，在办公室中风了。主要症状是不认字了。

在办公室的时候，我只是感觉头疼，特别疼，就想可能是自己太累，就回家休息。睡了一会儿后我起来看球，我特别爱足球，喜欢曼联，我是曼联的超级球迷，曼联的每一个球员我都非常熟悉。可是那一刻，当电视上出现曼联队球员的名单字幕时，我竟然一个完整的名字也读不出来。

我能看清，字母也认识，知道哪个是A，哪个是B，但是词意完全不能理解。我把困惑告诉了我那时的太太,她是学中医的,马上意识到我的脑子出了问题。她说我们赶快去医院。去医院的路上,我也拿出平时喜欢看的《先驱论坛报》,还是什么都看不懂,上面的文字好像是另外一种语言,什么都看不懂。结果到医院一查,脑子里边已经有血溢出来了,我得了脑溢血,接着我就动了脑部的手术。

非常奇怪的是,术后我发现过去认识的拉丁字母、英文、马耳他语、意大利语、法语,认读能力都完全消失了,但汉字的认读能力却没有丢掉,我依然能读中文。

医生也不太解释得清我的大脑是怎么回事,他说我脑出血的位置正好是语言处理区,可能是因为,第一,汉字是我十几岁以后学的;第二,它们是象形的,可能是存储在大脑的别的区域,所以对汉字的认知得以保留了下来。

这太奇怪了,也许是因为和别的语言不在同一个区域处理,我竟然还能读汉字。但我以前会的其他语言都不行了,我当时真是如同坠入了深渊,惊讶莫名。所有的工作都没法做了,什么都看不了。医生禁止我半年内看任何有字的东西,因为我每次看书都会头疼,特别疼。医生建议我听广播,不要看电视,听广播对恢复语言能力有好处，所以那一段时间我去哪儿都带着专门买的小收音机，听BBC的新闻和其他节目。幸好我之前供职的是大机构，非常支持我，而且给我上的保险条件也非常优厚，所以我依然有不错的收入，但是没办法工作。

我必须得另寻出路，寻找其他的方向了。我不信教，这种情况下，可能很多人都会说，这是上帝不想让你当律师了。那么好吧，就像开车一样，此路不通了，我改变方向。

手术以后有一段时间我连走路都有点困难，过了几个月以后，我想做文字工作肯定是不行了，医生说我之所以保留了汉字那一部分认读功能，是因为汉字的象形功能，那我就改成做跟图像有关的工作吧。于是，我就去学电影了。

前面说过，我在北大读书时，曾经参加过中国电影的拍摄，也就是在那个时候，我开始对电影的幕后工作产生了浓厚的兴趣。所以中国有句老话，叫艺不压身，也是我一贯的学习准则，什么都接触，什么都学习，总有一天，命运会眷顾你。

我去的是美国的纽约电影学院，注册了一个短期课程，历时3个月。尽管时间不长，但这个课程的确特别实用,老师都是真正拍过电影的,不是纸上谈兵式的只讲理论的,都是实践型的。上课的第一天就开始在纽约街头拍短片,非常有意思的课程,我从中学到了特别多的拍摄技巧。电影制作的每个方面都学,从打灯光到道具管理,从写剧本到导演制片。我在学校拍了一部13分钟的短片作为我的"毕业论文",大部分是在我熟悉的纽约唐人街拍的。这个短片后来拿到马耳他一个小电影节去放映,居然还获了奖。这对我是一个极大的鼓励,我决定继续拍摄一些纪录片,因为我觉得虽然纪录片和故事片的核心都是故事,但是纪录片更能忠实地记录人们的现实生活,反映人们的内心想法。

我一共拍了三部长篇纪录片,第一部是有关足球游戏的,是1960年英国人发明的桌上足球的一个游戏。当时风靡欧洲,70年代的欧洲有多达七百万人在玩这个游戏,还诞生了很多不同的俱乐部,定期举办俱乐部之间的比赛。后来因为电子游戏的出现,这种足球桌游也渐渐消失了,但是现在世界上还有三千多人在执着地玩着这个游戏,而且还玩得挺认真,游戏迷们甚至每年还组织了世界杯比赛。世界杯比赛的时候,所有参赛者都特别严肃地对待,穿国家队的服装,

与《花花公子》已故主编休·赫夫纳（右）合影

奏国歌，挂国旗，非常正式。这些游戏玩家都有自己的组织，还有国际联盟、国家协会。我跟踪拍摄了几个玩游戏者，最后剪辑成了一部纪录片。这个纪录片卖得还可以，至少当时玩这个游戏的人都买了DVD，还有一些电视台、航空公司也播放了这部纪录片。这部纪录片还在意大利米兰、巴勒莫的两个体育电影节上获了奖。

我拍这部足球游戏纪录片的同时，也交了很多朋友，还带他们当中技术最高的四名游戏玩家来中国进行表演。我们去了珠海,找了一个体育学校给孩子们介绍这个游戏,所有这些场景也都拍进了纪录片,拍得很漂亮,很好玩。

二

如果说第一部纪录片还只是我的小试牛刀,后面的拍摄则已经开始更多地融入了我对生活的思考,对艺术的思考。

我拍的第二部纪录片是介绍中国的现代体育发展史的。选取的题材非常特别,我独辟蹊径地截取了中国1949年以来的21部体育题材电影的片段,整理编辑剪辑,用故事片的镜头来讲述几十年间的体育发展史。虽然制作过程很麻烦,技术方面的剪切也相当困难,但令我高兴的是,这部纪录片也在米兰得了奖,在巴勒莫体育电影节获得最佳外语片奖,并博得了观众们的喜爱。

我很喜欢中国的老电影,1977年在北京语言学院上学的时候,学校放过《智取华山》《地道战》《两个小八路》等老片子,我都很喜欢看。为了这部纪录片,我几乎看了新中国成立以来所有的体育电影，只要能找到的，我都看了并且都用在了我的纪录片里。这些老电影特别可爱。几十年前有一部电影《水上春秋》，是介绍中国第一位破世界纪录的运动员的，他是回族游泳运动员，出生在天津的小渔村，他爸爸爱好游泳，新中国成立后到北京当教练，后来他儿子打破了世界纪录。这是真人真事，他是1959年在北京比赛时打破世界纪录的，是中国第一位打破世界纪录的人。他的故事拍成了电影，变成了电影故事片，当然电影里把他的名字改了，但基本上是这个人的真实经历。我还特地找到了这个人，那时他已经是个老头儿了，他还在北京开游泳馆，我找到他，还找到了演他的演员，他们一起接受我的采访，两个北京的老头儿，挺有意思的。我还找到了邱钟惠，这个人是中国第一位乒乓球世界冠军。我找到她的时候发现她在做乒乓球生意，卖球拍和设备，她有自己的品牌，还有几家商店。很好玩，从电影找到人，再把这些人记录在我的电影中，而在现实生活中，最后我们又都变成了朋友，有时候世界就是这么奇妙。

在第三部纪录片中，我开始做职业的制片人。前两部我是什么都做，制片、导演、剧本、摄影基本上都是我自己担任。到第三部的时候,我把自己解放出来,在上海找了一个大学时学电影专业的年轻女士当导演,我们给这部纪录片起名叫作《美术考生》。摄制小组到山东跟踪拍摄几个学美术的年轻人,他们准备考中央美院,我们跟了他们差不多一年时间,拍他们辛苦的生活。我们的创作理念是想客观地展示这个艺术考试制度对年轻人的摧残。那些艺考生真的很可怜,考试的路很漫长,很辛苦,而且他们无法发挥任何自己的创造性,考试内容都是临摹别人的画作,因此为了考试而专门进行的学习的过程就是临画。他们的学习过程完全是为了考试,老师也不允许自由发挥,不鼓励画自己的东西。考试就只是考他们临摹的水平。考试的时候我们到考场进行了现场拍摄,本来是不让进去拍的,我们导演给了门卫两百元钱,门卫就放摄像机进去了,所以我们拍到了考场里面的真实画面。考生们被要求照着一张明信片画,就一张明信片,那么大点的一张卡片,让他们画,而这个东西决定了考生一辈子的命运。

这是艺术吗?这是美术吗?我记得那张明信片上是一个空的葡萄酒瓶,好像有两条鱼在旁边,就是这样,谁画得最像谁就通过了考试。我们的导演过去也曾是美术考生，也学过美术，也考过，所以她比较理解他们的生活，她知道这个困难。她说大家都是年轻人，他们想自己画，去画自己的东西，他们有创造性，但是不行，他们知道如果考上中央美院，他们以后会找到工作，然后就会有人委托他们画东西，所以他们不考不行。如果不考而去画自己的，很少有人能成功，所以大家不得不临画去考，很让人可怜。我们跟踪拍摄的这些人里边，有一个人竟然考了八九次，八九年里一次次地失败，一次次地重考，我们拍摄的时候，他还在努力地考。

另外，我们追踪拍摄的考生也承认文化课作弊，我们也都拍进了影片里。他们需要考英语，但很多人根本不学什么英语，所以只有作弊。其中有一个人把什么东西塞到耳朵里作弊被发现了，他其实很傻，他画得很好，而且他每年都在考生中找一个女朋友教她，可结果每次都是他的女朋友考上，他却落榜了。到最后因为作弊不让他再考了。但是没关系，他买了新的身份证，用假的身份证继续去考。我不知道他如果真的考上了，会以哪个身份上学。拍摄的过程中，遇到了很多这样令人难以置信的事情。

我们的拍摄方法很前卫，英文叫作"墙上苍蝇"

拍摄方法，就好像摄像机不存在，这样可以使被拍摄者放心，他们可以放松地做他们本该做的事，喝酒，聊天，在床上坐着互相讨论。当然，我们拍的这种所谓"地下"纪录片在中国是不能公映的。于是我们把影片放到了网上，结果很多人点击观看。我特别有成就感，当时最多的时候可能有一万多条评论都在讨论这个考试制度，讨论这几个考生。我们跟拍的四个人中有三个没有考上，只有一个考上了山东的鲁迅美术学院。

那段时间我经常在外边跑，拍电影，但是我没能赚到钱。艺术往往是赚不了钱的，特别是拍纪录片。即使是很好的纪录片，也没有多少人看，没有多少市场。真正的纪录片不像官方电视台上的纪录片，那不是纪录片，纪录片是真正的电影，它有故事在里边，如果没有故事它就不是纪录片。好的纪录片也有少数能上映的，在国外也有上映并且赚到钱的，但是数量毕竟不是很多。如果电视台委托你去拍一个纪录片，经济上就会有些保障，虽然也赚不了多少钱，但毕竟可以有自己的稳定报酬。

那段时间，为了谋生，我也帮一些国外的公司在中国拍片。我很喜欢这种生活，我先后帮助过一个意大利的，一个奥地利的，一个瑞典的摄制组在上海拍摄外景。我自己做制片主任，非常辛苦，什么都得管，包括去找场地，跟人家洽谈，找道具，找演员，找群众演员，还包括制订拍摄时间表，每天用什么资源，要什么人，这个我都会做了，自己也觉得挺好玩的。

在中国拍片也很辛苦，摄制组一旦有了任务，不管是周末还是半夜，需要做什么就得做什么。下雨天有需要也得拍，很冷、很热的地方有需要也都得拍，我很佩服中国摄制组人员的工作精神，这跟意大利摄制组不一样。意大利是有工会规定的，如果哪天拍摄时间超过了八小时，他们的工作人员就会看表，然后跟导演提出来，演员、摄影师谁都不愿意再继续加班拍摄，他们会按工会规定回去休息。当然有时候必须熬夜，比如如果需要的场地是一个饭馆，而饭馆只有在下班以后才能允许使用，那就只能是半夜去拍。这种情况下，意大利人当然也会半夜去拍，因为这是工作需要，但是第二天他们会休息。

中国的摄制组我觉得也应该有工会保护，但是一般的摄制组都比较愿意加班干，因为大家知道并不是一整年都有工作，他们可能一阵忙，一阵闲，所以他们很愿意多做一些。如果不这么干，以后就没人雇用了。所以意大利是有道理的,它用法律保护了劳动者,在中国劳动法也一样保护劳动者,但是相对比较灵活。

三

我的拍摄生活虽然很有意思,但也需要经常到处边跑,比较累。后来一个过去曾是国际律所合伙人的朋友,那时他已经离开了原来的律所,跳槽到另外一家律所工作了。他对我说,新的律所业务比较多,需要我的帮忙,想让我重新出山做律师。

我本来想回到原来的律师事务所,但是要知道,在那种竞争激烈的地方,一旦一个人离开,立刻就会有人顶替你的职位。所以我就去了朋友的这家新所重新开始。那个新所正好在进行两家英美律所的合并,环境不太稳定,所以我差不多干了一年,就又转到另外一个律所了,这个所是一家英国律所,我在那儿大概也干了一年。再后来,我开始有点儿讨厌大所里边复杂的职场政治,于是有一段时间,我干脆自己在家里做事,自己接案子。我有四五个比较忠实的客户,他们委托我做的业务也够用,当然我给他们报的价格也很合适,因为我不需要租办公室,就在家里做,所以我没有房租费用,我们彼此信任,合作得相当愉快。

这期间我差不多用了五年时间基本恢复了我的英语等语言的认读功能,准确地说,可能并没有100%恢复到以前的水平。我以前反应很快,一封信过目就能懂,如果信中有错字,马上就能被我辨识出来,而且是那种不假思索地、本能地、极快地就蹦到我眼前。

在去美国学电影之前,我和我太太决定还是去马耳他休养一段时间。香港不是一个恢复身体的好地方,而我们在马耳他有房子,房子在一个小岛上,需要坐船去,那里特别安静,空气也好。工作上我也不用太担心了,因为我退休了,正式成为退休合伙人。我原来特别忙,忙到根本顾不上家庭。我本以为我会非常享受我的退休生活,可是不到三个月我就开始烦了。我发现我并不适应那种安逸、舒适的退休生活。

我当时的太太是纽约人,我们在纽约也有房子,所以有一段时间,我们就在马耳他待一段时间,然后去纽约待一段时间,这样跑来跑去的,也会回威尔士去看我的小女儿,她定居在那里。有一次回到威尔士去看望她的时候,我路过以前的老学校,就是UWC的那座古老的城堡。当地有一家人，我17岁在那儿念书的时候，他们的儿子也在我们那个学校，是比我低一届的学弟。他的父母，特别是他的母亲很喜欢我，经常邀请我到他们家，给我做蛋糕吃，我经常去他们家玩。后来即使毕业了，我还是有这个习惯，每次去威尔士都到他们家串门，而且每次去都不用事先告诉他们我要来了，就那么突然出现在他家门前直接摁门铃。老头儿、老太太每次看到我，都惊喜地说，你们怎么不告诉我们啊。因为太熟悉和太亲近了，他们在我就看看，不在我就离开。所以这次我和往常一样直接去了，但我吓了一跳，门口挂着"Sold"的牌子，房子已经卖了。

我很喜欢老人的这个房子，房子就在山崖上面，能看到威尔士波涛汹涌的大海，还可以眺望远方：这边是威尔士，那边是英格兰，风景很美，当然还因为小时候经常去那儿玩，有记忆里的美好时光。所以一看到"Sold"的牌子，我就跑到当地的房地产公司去问是什么时候卖的，中介说正好他们决定不买了。于是我找到了老头儿、老太太，跟他们说，你们知道我很喜欢这个房子，我愿意买下这座房子。然后我打电话给我太太说，既然我不喜欢纽约，你不喜欢马耳他，那我们就在两地的中间找一处房子怎么样？没想到她同意了，我们就买下那处房子并搬到那里。正好那时我的小女儿在那儿，她怀孕生了我的第一个外孙女。后来我和我太太离婚了，那处房子现在分割给了我的前妻，她定居在那儿，还有我的女儿和外孙女都住在那个海边的房子里。

我在北京的另外一个律所工作的时候，参加欧盟商会的一个活动，认识了我现在的妻子，后来我离婚跟她结了婚。她是北京人，虽然比我小二十六岁，但我们俩非常合得来。

离婚不是一个愉快的过程，我以前也没想过离婚的事，但是跟原来的太太分居几年后，我还是想，活在地球上的日子有限，还是应该高兴地去过。我和前妻都商定好了，已经到法院了，财产也很清楚地分配了，可是临到签字的时候，我前妻就是坚持不肯签字。我理解，三十多年的夫妻，不是那么容易说断就断的，就算再没有感情，走到最后一步，心里也还是很难受。

后来我现在的太太怀孕了，所以我一直希望，可以合法地跟她结婚，让我们的孩子在合法的婚姻关系中出生，这在中国还是很重要的，尤其对我的中国太太很重要。

虽然在很多国家现在无所谓，可能中国的年轻人也越来越觉得无所谓，但是无论从法律上，还是从中国文化上，都有不同的意义；从现实方面讲，申请国籍，申请护照，都是需要结婚证的。

最后我的前妻终于在离婚证书上签了字，离婚终于生效了，所以，不到两周后我们去登记了。结婚的时候，是带着快一岁的小儿子去的，我们三个还一起照了合影。

过了两年我们有了第二个儿子，所以我现在有两个小儿子。

现在我觉得自己的家庭生活很幸福，有了孩子就更有意思了。第二次婚姻因为年龄大了，懂的事情也比以前多了。比如，我现在知道孩子生病是正常的事，不用特别紧张，去看医生，吃点药就会好了，不会紧张到担心小家伙会顶不住。这在以前我 25 岁就当爸爸的时候是完全不可想象的。再比如，第二次婚姻有了小孩儿才明白，孩子在花园里玩吃一点土无所谓，脏了也没事儿，回家洗干净就是了。

我和现在的太太一起生活，无论是从生活方式上还是文化观念上，都会有一些差异，但是我们互相谅解、互相照顾，问题总是可以解决的。

有了现在的两个小儿子之后，我一下子觉得有了一个新的动力、新的活力，我知道，我现在做的一切都是为了他们，再辛苦，再累，每天看到他们也就知足了，又有动力去开始新的工作了。

现在我觉得浑身是劲儿，不像在威尔士的那一段时间，感觉比现在老多了，心态特别苍老、沉重，没有活儿干，也不知道该做什么。这可能跟威尔士的天气也有关系，那边总是下雨。但是不管怎样，我喜欢那种在海边的感觉，呼啸的海风，滔天的海浪，对威尔士的大海我直到现在还有一种特殊的感情，比对马耳他平静的地中海的感情更深。威尔士的那个海岸我再熟悉不过，有一段是我们当年做海上救护队员时负责的，每次到那儿我都有一种精神上的回家的感觉。可惜现在我回不了那个家了。

从1987年到2013年，几乎一直是马耳他国民党执政，中间只有一段特别短的时间是马耳他工党执政，一年半后又下台了。所以那一段时间里，马耳他外交部的人根本不理我，他们知道我，但是不理我，也没有跟我联系，虽然我一直敞开胸怀，随时等待召唤。他们如果联系我，需要我帮忙，我是会乐意为国家服务的。

忽如一夜春风来

"我觉得有点奇怪,前几年我来的时候,还看到有不少人买书啊。"

"尊重知识产权实际上是尊重劳动。北大的学生,即使不是法律专业的,我觉得都应该学些知识产权的东西。"

——克俚福

一

我对北大一直非常有感情,我在这儿读了将近四年的书,学到了很多东西,认识了很多人,有各种各样的美好故事可以回忆。在这几年中,我也亲眼见证了中国那一段时间翻天覆地的变化,很多意想不到的变化令人震撼。

特别让我怀念的是,我在这儿谈过恋爱。北大是这么好的一个谈恋爱的地方,所以我一直都很想念。毕业以后,只要有机会我都会经常回来看看。不一定是专门找人,只是想在未名湖边走一走。北大管理得比较严,有时候得想办法进门。

我和傅民老师有一段时间联系很少,因为大家都忙,特别是有了孩子以后,没有太多的时间。但是我一直很想念我的老师们,特别是傅老师,我在北大的时候她对我非常照顾,已经超出了老师该做的事情。她看到我的衣服需要缝补,或者扣子掉了需要换新的,她都默默地帮我补好;看我没钱了,就会请我到家里吃顿饺子。都怪我的奖学金管理得不好,一发下来就出去跟朋友喝酒,经常后半个月就捉襟见肘了。

我看现在北大还是挺有活力的，这两天我在校园里走了一大圈，哪儿都去，以前我经常跑步的操场，就是南门边的五四操场，以前也叫"五四"，我也去走了一圈。我喜欢校园的气氛，看到学生们很忙碌地玩，很忙碌地学，我很开心。

我看到校园里出现了很多新的建筑，我能理解，学生和老师多了，新的学院和学科也多了，所以需要建新的楼，但是我觉得建新楼应该找一些好的建筑设计师来设计一下。有些楼不太不美观，有些楼显得太笨重，那种特别大的楼，如果没有设计，就不能跟周围的环境搭配、协调。当然，请很好的建筑设计师得花钱，但是我相信也有不需要花很多钱的优秀建筑设计师。

我觉得新的建筑不一定都得是老式的中国传统的房子，像四合院那样的；也不一定像北京八九十年代建的那种新式高楼上面都戴个"小帽子"，北大这样的校园，最适合把古代的科技和现代的科技融合起来。我在国外见过一些老的校园，就是把非常传统的建筑和后来新建的建筑巧妙融合，非常美观。我觉得这是可以做得到的，特别是像北大这样的学府，我觉得更应该做得到，给大家做个榜样。

有一件事情挺出乎我的意料，就是三角地的新华书店里竟然没有学生，后来听说要拆了。我是喜欢书的人，当然书不一定全看，现在这个岁数，我一看书就容易睡着。但是我喜欢买书也喜欢送书。那天我就走到三角地小商店边上的新华书店去找一本2016年出版的一本有关知识产权的书。但是一进门，我发现只有两个工作人员——一个老头儿在那儿睡觉，还有一个在自己看书，竟然一个学生都没有，而且是上午十点多的时候，按说那会儿应该是人最多的时间。

这让我很吃惊。因为我去过很多别的校园，包括香港的一些大学，如香港大学、香港中文大学，我都经常去。学校里的书店规模都比北大的新华书店大，里面摆的也不只是学校自己出版社的书。它会吸引很多学生，大家非常活跃，在书架间走来走去，但是这里却连一个学生都没有。当然，我知道现在年轻人习惯在网上买书，大部分是网购，但是照我看，一般年轻的大学生都是愿意去翻书的，先看，然后再到网上买。其实现在很多书店也都知道这种现象，所以会开设网购平台，同时把书摆在那儿，欢迎大家去翻一翻，翻好了，觉得值得买的就下单。但是我记得很清楚，当时好像没有一个学生在那儿翻书，我觉得有点奇怪，前几年我来的时候,还看到有不少人在买书啊。

我念大学的时候,北大好像还没有新华书店,我们一般都到海淀去买。那儿有一条街,就在校南门外边,以前不叫图书城,那儿有一家大的新华书店,我们都是到那儿去看书。那周围很漂亮,有条小胡同叫老虎洞,还有长征食堂。长征食堂可是我的"学七",那时候学校有六个食堂,我们把校园外的长征食堂叫"学七食堂",有两年时间我几乎天天在那儿吃午饭。那儿近,还便宜,比学校吃得好多了。长征食堂有个看自行车的老太太,大胖子,我记得很清楚,在那儿还有很多故事。可惜现在长征食堂已经没有了,周围也变得完全不是以前的样子了。以前去那里总是觉得很舒服,钻那些小胡同,到后边海淀区人民政府的那栋楼,再往左拐就是黄庄菜市场,那时候我经常去这些地方。记得在海淀大街还有几个地方经常去,一个书店,一个洗染店,还有一个浴池,一个卖酸奶的小店。

我记得好像开始时洗衣服的店说不给留学生洗衣服,也不知道为什么。还有,我想刻一个图章,刻"克俚福"三个字。洗衣服的小店对面有一个小地方就是刻图章的,但他说不给外国人刻图章,我跟他讨论半天,他说有规定,不能给外国人刻图章,最后我只好请傅老师出面给我刻了一个章。我一直很奇怪，这样的小店为何不给我刻图章，就是几块钱的事情，只是刻我自己的名字，真的很奇怪。

还有很多这样的事情，日常生活中总是充满了吵吵闹闹。记得那时候动不动就要开介绍信。有一段时间，我们经常买啤酒喝，喝完之后还空瓶子退钱。但有一天下午，我跟两个留学生喝啤酒聊天，最后该退瓶的时候，服务员说不给外国人退钱了。我们说怎么可能，别人都可以退，我们是老外就不可以吗？我们争执了好久，最后还是给我们退了钱。有意思的是，在争执的时候，我发现我有当律师的能力，会讲道理，能说服人家，等于给自己做了一回辩护律师，最后的结果基本上是我赢了。

北大的大讲堂现在好像有很多文化活动，我听说学校外边的人也可以进来参与，这一点很好。一所大学就应该给周围的社会提供方便，这样会变得更加开放。我相信北大很注重学术的质量，会保持在全国的前几名甚至是第一名的位置，在全球的排名也会进一步提高。但是最重要的不是排名，也不是钱，而是教育本身，不能忘记这一点。

北大在深圳新建的国际法学院很漂亮，有很多的竹子，我的一个老同事，也是好朋友在那儿当教授。我去那边讲过课。我在中国政法大学也做过客座教授，讲实务，不讲理论。我发现学生们掌握的理论已经够多了，不用再给他们塞理论的东西了，所以我给他们讲的都是很实际的案例，主要是律所的行业管理问题，律所应该做什么，应该选择什么样的业务，为了满足客户的需要，应该选择什么样的人来做等。我给他们讲这些，分享很实际的东西。学生中很多人喜欢做金融方面的事务，或者更愿意做商法方面的事务，对知识产权方面却不以为然，于是我就跟他们讲选择做知识产权的好处，做金融或者商法领域的事务，经济萧条的时候业务会往下走，而知识产权的业务即使在经济萧条的时候也不会跌，它是比较稳定的。因为经济萧条的时候，人们仍然要保护自己的知识产权。

我觉得北大完全可以在国外设立机构，这么有名气的大学，应该在海外建立大学。就是在海外找一个地方，在那里可以招生，这里的学生也可以到那里去上一两个学期，也能算学分。我觉得北大完全可以把牌子挂得更远一点。当然，北京这里还得作为中心，还得作为中央机构。

北大这个牌子很响亮，从知识产权的角度看这个品牌很有价值，也要注意知识产权保护的问题。知识产权保护很重要，尊重知识产权实际上是尊重劳动。北大的学生，即使不是法律专业的，我觉得都应该学些知识产权的东西。知识产权对作家、工程师、科技人员都用得上。

另外就是职业道德方面的东西也应该教。我们现在在市场上遇到的很大的问题，就是职业道德比较差。不光是商业方面，在更广泛的各种行业中都是如此。很多外国的法学家都觉得奇怪，中国一般的法律专业怎么会不开设职业道德课。国外法学院中职业道德这门课是非常重要的课，考律师资格的时候也算必修课，主要讲述职业操守，讲述不能骗人，不能说假话，不能做伪证。一个律师，即使是为客户辩护，最基本的职业道德也都不能突破，如果发现做伪证，律师资格立刻就没有了，而且是永远都没有了，是要坐牢的。但是非常遗憾，我发现现实中即使是北大毕业的律师，也有为了胜诉越过底线却沾沾自喜的个例。有不少律师没有职业道德观念，还觉得自己特别聪明。在处理具体法律实务中我接触了很多企业主、律师、法官，不顾职业道德底线的行为很多，很难相信会有律所或商标代理去抢注自己客户的商标，伪造证据的现象更让人瞠目结舌，这让我非常震惊！这样的问题非常严重，尽管这一段时间已经有很大的进步，我还是非常担忧。我觉得问题出在几个方面：一个是教育，一个是立法，一个是执行。

二

我现在快60岁了，人一到60岁可能对过去的事情都有一点怀旧，怀念过去的好时光，我想这是很自然的。我有时候会怀念七八十年代的北京，现在一看到北京那么多的汽车，就觉得那时候没有汽车多好，大家全骑自行车，在长安街上过马路都特别随便，连看都不用看。那个时候北京的天很蓝，只有春秋季节刮风的时候来沙尘暴，但是那时候天真的很蓝。冬天当然有很多人烧煤球，所以我每次在国外也好，在国内也好，只要闻到烧烤或烧炭的味道，就一下子想起了那时北京的生活，说起来可能有点夸张，但是怀旧的感觉真是这样的，还差一点就能听到鸽哨的声音了。闻到或是听到了，我就回到北京了。我很怀旧，但是我也知道，好时光也是旧时光，我们很容易把好的回忆留下，不好的我们有时候就删了。

在70年代末的北京，我目睹了很多的变化，任何国家在迅速变化的过程中，都会有很多很好的现象出现，也会有不好的现象出现，这个很正常，我想任何国家都经历过这些。现在我们去英国，所到之处都那么漂亮，到处都那么绿，但是他们在工业革命的时候也有空气污染的。当然我一直都希望中国最好不要犯别人过去犯过的错误，从一开始就注意一些东西，包括在环保方面。最终我们所做的都是为了造福于人，所以我们要特别注意。

环保问题、食品安全问题，我觉得可以避免，这跟商业道德是直接相关的，钱是应该赚的，但不应该是最重要的。我们都愿意改善自己的生活，但是也要注意别人的生活，不能为了自己损害别人。过去的北京，人和人的关系比现在好，那时候大家不像现在都这么忙，老看手机，看电脑，玩电子游戏，这些东西影响了人和人之间的关系，也影响了大家的健康。过去小孩子在外边打乒乓球，踢毽子，现在眼睛总盯着屏幕，很不健康，都戴眼镜了。我觉得丢掉过去那些宝贵的东西是比较可惜的。

三十年的变化太大了，大家的生活都得到了很大的改善。我很惊叹中国有这么快速的发展，我甚至觉得这个速度非常让人吃惊，哪儿来的这么多资源，建那么多城市，建那么多楼，建那么多基础设施？我觉得政府做到了，它利用这么大的人口红利去解决这些问题，我觉得很好，希望更多的基层老百姓的生活都得到很好的改善。

我们马耳他是一个小国家，免费医疗，免费教育，教育是从托儿所到大学都免费的。我觉得这种社会福利在大国也可以实现。在中国，有钱了可以把小孩送到很好的学校，也可以去私立医院得到很好的治疗，但是没钱的就比较困难。我觉得一个国家最关心的应该是这些人，是这些现在还没有条件的人，帮助他们改善生活。我自己是从一个修船厂的工人家庭里出来的，如果没人关心我们，没有一个很好的教育制度，我肯定就没有好的出路，所以我觉得要多关心这些人。我刚来中国的时候，大多数人口是农民，现在真正种地的农民少了。中国有那么多土地，农业完全可以实现现代化，提高产量。我去过很多国外的农场，有些农场地很大，人很少，但是产量很高，我觉得中国也可以做到。中国需要城市，需要工业，需要城镇化，但同样需要农业，粮食不能全靠进口，靠进口会有危险。中国现在在某些领域，特别是在科技方面，在航天方面，在海洋方面，都已经处于领先地位。这些都很重要，但是中国还有很多事情需要做，中国的责任很重，需要一个难题一个难题地去解决。

我现在居住在香港，我很喜欢香港，香港是我的家。马耳他是我的第一故乡，北京也是我的故乡。每次到北京，进城时我都喜欢跟出租车司机聊天，出租车司机有延庆的，有密云的，我们聊有关延庆的事，有关密云的事，我和司机都会聊得哈哈大笑。我觉得我在北京的感觉就好像在马耳他自己的家一样，我在马耳他也是经常跟人家开玩笑，我在北京开玩笑也是那么自如。

但我不是很愿意长期住在北京，主要是因为两个问题，一个是空气污染，一个是交通。比如污染，我现在有自己的小儿子，真的受不了。但我相信污染是可以解决的，我不相信任何人说我们要过一段时间才能解决。现在的技术完全可以解决，我们不能放弃。这里还有执法的问题，法律很重要，里边也可能有腐败现象需要解决。还有食品安全也是很大的问题，说实在的我在外边都不太敢吃东西，不像以前什么都敢吃。我看到那么多中国内地的人到香港买奶粉，很多人去澳大利亚，拿着一个空的箱子装满奶粉回来。这些我觉得都是可以解决的。

批评它是因为我爱它，不是因为我不喜欢它，恰恰是因为我喜欢它。有的时候因为喜欢这个地方，所以反而批评得更厉害，往往先只看问题，而不太考虑好的东西。我对北京非常有好感，对北京大学也非常有好感，将来不管我在哪儿，都会经常回来，甚至如果一年不回来一次都会觉得受不了，每年都应该回来一次。

我曾在20世纪80年代和21世纪两次来到中国做正式的外交官，80年代做事情比较方便一点，容易接触到高级官员。第二次来重点是保持友好的关系和拉近一些经济项目，我的工作并不是很难，因为马耳他跟中国关系一直很友好。

在马耳他了解中国的人很少，所以在这方面我当然可以帮一些忙。从2013年以来，马耳他跟中国的往来越来越多，主要是投资项目。也有很多其他工作需要做，包括旅游方面，希望有直飞的航线，中国直飞马耳他，我们双方还在努力。还有文化交流，我觉得很重要，文化交流应该是两个国家之间友好交往的重要部分，我也希望在文化上两国能加强关系。中马两国签了一个五年的合作规划，里边有文化交流的内容。在洽谈这个协议并讨论文化交流的时候，我就强调了文化交流的重要性，我认为对中国的文化应该看得宽广些，中国文化不仅是古代文化，还有很多现代的东西也是非常好的。有些现代的东西，是马耳他人更能够理解，更能够欣赏的。中国在马耳他设立的文化中心是欧洲第一家中国文化中心，那里有很多活动，每年都会在那儿组织一些展览，经常有国画、书法、剪纸等传统的文化展示，这些东西都很好，很有意思，有些人会感兴趣去看。但是中国文化不仅是传统京剧或者江南丝竹，中国的现代艺术也非常好。中国有那么多好的现代艺术家，应该把这些也引进来，比如请一个北京的摇滚乐队到马耳他去演出，这种影响会更深远，年轻人会觉得中国很棒，也有特别酷的东西。有时候我也会去北京的一些酒吧听摇滚。

　　我喜欢看中国电影，我相信中国电影如果能再个人化一些，再多些原创性，一定会出现很多非常好的作品。而且，我觉得中国电影应该推出分级制度。现在中国发行的电影谁都能看，小孩大人都可以看。如果分级，中国电影的创造性就会爆发出来，对此我充满希望。中国的很多东西，如果放开了，不仅中国人会高兴,在全世界也会产生更大的影响。中国这么大,才有几个有名的导演,像张艺谋、冯小刚,需要有更多的好导演涌现出来。冯小刚很大胆,他敢拍一些别人不太敢拍的电影。我想中国应该大力提高软实力,因为软实力非常重要。

后 记

整理这份访谈记录的过程，就像又亲身经历了一次跟克俚福先生的访谈，而这一次的经历，比采访时更能体会到克俚福先生的传奇色彩。

诚然如克俚福先生所说，"时代"，是那个激情燃烧的"时代"造就了他，但也还有他那种敢为天下先的精神，那种勇于向世俗、向世间的不平挑战的个性，才共同造就出了这样一种传奇。

采访中，克俚福先生一直说，不管遇到怎样艰难困苦的事情，都要在生活中保留一点幽默的色彩。幽默地面对生活，才能从生活中寻找到乐趣，寻找到往前走的动力。

时代,总是不管人们的悲欢离合,兀自地向前变化着,走着;北大,亦不可避免地在这些或大或小的变革中,悄然改变着自己的姿态。

但人们会发现,不管是一百二十年前的北大前辈,还是四十年前的克俚福校友,还是三十年前的中文系的我,还是现在的北大学子,甚或仅有十几岁的北大附中的我的女儿,所有这些人的身上,都有着不能磨灭的深刻的北大烙印,那就是北大的包容、北大的开放、北大的创新、北大的自由,这些不仅深深地烙印在每一代北大人的灵魂中,更会薪火相传,照亮未来。

附录：马耳他共和国

马耳他共和国（马耳他语：Repubblika ta' Malta，英语：Republic of Malta），通称"马耳他"，是地处南欧的共和制的一个微型国家，位于地中海中心的岛国，有"地中海心脏"之称，被誉为"欧洲的乡村"。官方语言为马耳他语和英语，首都瓦莱塔（Valletta）。

马耳他亦是英联邦和欧盟的成员国。居民多信奉天主教，少数人信奉基督新教、东正教和伊斯兰教。

在迦太基、罗马共和国时代，因地中海贸易而繁荣，而后阿拉伯帝国的势力曾支配一时。今总部位于罗马的特殊政治实体马耳他骑士团因曾占据马耳他数世纪，故而得其名。在公元前10至前8世纪，腓尼基人到此地定居。1530年，耶路撒冷圣约翰骑士团从罗得岛移居此地，后来于1798年被法国拿破仑逐出。19世纪成为英国的殖民地，1964年宣布独立，1974年成为马耳他共和国。2004年加入欧盟。

马耳他是一个高度发达的民主国家，经济以服务业和金融业为主，旅游业是马耳他主要的外汇来源。马耳他同一百多个国家和地区有贸易关系，欧盟是马耳他最重要的贸易伙伴。另外，马耳他社会保障体系较为完备，实行免费教育、免费医疗及退休保险制。

1972年，马耳他共和国同中华人民共和国建交。